以案普法

YI AN PU FA

郭树进／主编

法律出版社
LAW PRESS·CHINA

图书在版编目(CIP)数据

以案普法/郭树进主编. —北京:法律出版社,
2017.5
ISBN 978-7-5197-0856-6

Ⅰ.①以… Ⅱ.①郭… Ⅲ.①案例—汇编—中国
Ⅳ.①D920.5

中国版本图书馆CIP数据核字(2017)第110598号

以案普法
YI AN PU FA

郭树进 主编

责任编辑 许 睿
装帧设计 李 瞻

出版 法律出版社
总发行 中国法律图书有限公司
经销 新华书店
印刷 北京嘉恒彩色印刷有限责任公司
责任印制 吕亚莉

编辑统筹 法规出版分社
开本 720毫米×960毫米 1/16
印张 18.25
字数 306千
版本 2017年7月第1版
印次 2017年7月第1次印刷

法律出版社/北京市丰台区莲花池西里7号(100073)
网址/www.lawpress.com.cn
投稿邮箱/info@lawpress.com.cn
举报维权邮箱/jbwq@lawpress.com.cn
销售热线/010-63939792
咨询电话/010-63939796

中国法律图书有限公司/北京市丰台区莲花池西里7号(100073)
全国各地中法图分、子公司销售电话:
统一销售客服/400-660-6393
第一法律书店/010-63939781/9782 西安分公司/029-85330678 重庆分公司/023-67453036
上海分公司/021-62071639/1636 深圳分公司/0755-83072995

书号:ISBN 978-7-5197-0856-6 **定价**:48.00元
(如有缺页或倒装,中国法律图书有限公司负责退换)

主　编

郭树进

副主编

赵师琦　张玉芹　韩亚男

编　者

窦策飞　聂士金　张玉华　曲玉亮
苏长娟　何维凯　赵　燕　隋丽艳
郭　昊　李伟倩

执行编辑

王庆涛　门彩凤　李香伟　王安琪　王守芬

插　图

秦秋萍

序 言

法治宣传教育是推进依法治国基本方略、建设社会主义法治国家的一项基础性工作，是提高社会化管理水平和全民法律素质的有效途径。党的十八大提出“要深入开展法治宣传教育，弘扬社会主义法治精神，树立社会主义法治理念，增强全社会学法遵法守法用法意识。”作为法律人、资深律师，郭树进同志热心法治宣传教育事业，在自身业务工作中不断践行普法重任。近日，他结合办案实践，编写了《以案普法》。该书通过剖析发生在百姓身边的一个个法律故事，传授婚姻家庭、经营管理、消费争议、劳动合同、损害侵权等九个方面的法律知识，使群众在轻松有趣的阅读氛围中，体验法治精神，启蒙法治意识。可谓讲案学法，图文并茂，通俗易懂。该书既为百姓依法维权提供了参照，又为群众学法提供了读本，是广大法治宣传教育工作者的一个好助手，是一本值得推荐的好书。

党的十八届四中全会强调指出，法律的权威源自人民的内心拥护和真诚信仰。人民权益要靠法律保障，法律权威要靠人民维护。作为法治宣传教育工作者，我们任重道远。要深入贯彻落实党的十八大和十八届三中、四中、五中、六中全会精神，大力弘扬社会主义法治精神，大力建设社会主义法治文化，大力宣传全社会厉行法治的积极性和主动性，使群众成为社会主义法治的忠实崇尚者、自觉遵守者、坚定捍卫者。

《以案普法》的编辑出版，是我市律师贯彻落实党的十八届四中全会关于"建立法官、检察官、行政执法人员、律师等以案释法制度"工作要求的具体行动，是贯彻落实习近平总书记关于法治宣传教育工作要"创新宣传形式，注重宣传实效"指示精神的具体举措。司法执法机关、法律服务机构及全体法律人应当牢固树立主体责任意识，健全工作机制，创新工作方法，保障以案释法制度有效落实，推动普法工作创新发展。

山东省东营市司法局局长、市普法办主任　**郑少锋**

2017年6月

目　　录

一、婚姻家庭篇

二、劳动争议篇

三、损害侵权篇

四、经营管理篇

五、不动产纠纷篇

六、投资借贷篇

七、消费争议篇

八、诉讼执行篇

九、综合其他篇

一、婚姻家庭篇

不靠谱的离婚协议

张婷[①]和范军因感情不和决定离婚，经过协商约定两人唯一的孩子萱萱归张婷抚养，房子也归张婷，但前提是要求张婷在女儿上大学之前不能结婚，否则就把房子收回去，两人为此签订了书面协议。离婚后不久，张婷经人介绍认识了侯鹏，经过一段时间的相处，张婷面对侯鹏的猛烈追求，毫无招架之力，最终同意了侯鹏的求婚请求并办理了结婚登记。一天，范军与新婚妻子在街上闲逛，碰巧看见张婷和侯鹏在一起，看到二人关系暧昧，范军十分生气，他的妻子以为范军吃醋，心里还惦记着前妻，于是范军把他和张婷间的协议告诉了妻子子君，子君听了之后，就让范军给他的女儿萱萱打电话确认一下，经证实，张婷确已再婚。在妻子的怂恿下，范军拿着协议找张婷要房子，双方争执不下，

① 以此为例。本书中所有当事人的姓名均由作者编写，为化名。——笔者注

互不让步,闹得一发不可收拾。

以案说法

我国婚姻法明文规定了婚姻自由制度,禁止包办买卖婚姻或者以其他方式限制婚姻自由的行为。本案的这位女士和前夫的协议,尽管约定的是房屋的归属问题,但是它的内容却以协议的形式限制了女方的婚姻自由,这是违反法律规定的,因而也是无效的。从本案可以看出,并不是所有自愿签订的离婚协议都一定合法有效,关键还要看协议的内容是不是违反法律强制性规定,是不是侵犯了他人的基本权利。就其他的合同、协议而言也是一样的。因此,在订立合同、协议的时候,应当注意遵守法律和行政法规、尊重社会公德、遵守社会秩序和社会公共利益,否则就有可能无效。

法律条文

《中华人民共和国婚姻法》

第二条 实行婚姻自由、一夫一妻、男女平等的婚姻制度。

第三条 禁止包办、买卖婚姻和其他干涉婚姻自由的行为。禁止借婚姻索取财物。

这位前夫不靠谱,起诉官司也要输。
婚姻自由乃法定,岂容协议来夺去。

丈夫嗜赌成性　妻子怒提离婚

李晓霞的丈夫范大山有赌博的恶习，一天追债的又找上了门。李女士说这个债她不知道，债主却说限她一个月把债还上，否则的话就要拆李女士家的房子。对于赌博这件事，范大山一直瞒着妻子，总幻想着哪天手气好了，就能赢钱把窟窿给堵上，却不知道妻子早就知道了实情。范大山回家后，李女士告诉他要债的都要到家门口了，他一看露馅了，就苦苦哀求李女士原谅他，并信誓旦旦地保证再也不赌了。李女士拿出了这三年老范写的保证书，表示受够了这样的生活，决定和他离婚。范大山软磨硬泡地讨好李女士，可是不见效果，看到妻子心意已决，又想到自己的所作所为，就同意了李女士的离婚请求。但是对于财产怎么分，两人产生了争执。李女士认为范大山嗜赌成性，应该净身出户。范大山认为两套房子，起码也应该分套小的房子归自己，于是就财产的分配问题两人吵成了一锅粥。

以案说法

近几年因赌博而导致离婚的案件呈上升趋势，当赌博钱输多了无法周转时，家庭生活必然会受到影响。赌博者往往谎称做生意投资、看病等原因向亲朋借钱，当无力偿还的时候便将家里有价值的物品变卖，作为赌资或者抵债，当家里也被掏空以后，就开始借高利贷。如此折腾，家庭矛盾必然加剧，离婚也就不远了。如因赌博而导致离婚时，不一定不分得财产，但是有赌博恶习屡教不改是婚姻法第三十二条规定准予离婚的情形之一。当然即便分得一部分财产，如果继续赌的话，迟早也会输光。倾家荡产、家破人亡、妻离子散，往往是赌徒最终的结局。常言道：在赌桌上没有赢家。奉劝有赌博恶习的人，为了您和家人的幸福，要尽早地彻底戒掉赌博的恶习。

法律条文

《中华人民共和国婚姻法》

第三十二条 男女一方要求离婚的，可由有关部门进行调解或直接向人民法院提出离婚诉讼。

人民法院审理离婚案件，应当进行调解；如感情确已破裂，调解无效，应准予离婚。

有下列情形之一，调解无效的，应准予离婚：

（一）重婚或有配偶者与他人同居的；

（二）实施家庭暴力或虐待、遗弃家庭成员的；

（三）有赌博、吸毒等恶习屡教不改的；

（四）因感情不和分居满二年的；

（五）其他导致夫妻感情破裂的情形。

一方被宣告失踪，另一方提出离婚诉讼的，应准予离婚。

> 赌博是个恶旋涡，妻离子散祸害多。
> 劝君尽早把赌戒，以免财尽家也破。

为争抚恤金　婆媳闹矛盾

刘阿姨的儿子生病去世了。刘阿姨听说儿子生前的单位给了一笔抚恤金，但被儿媳妇小兰领走了。刘阿姨找了小兰好几次，想要回自己的那份钱，可儿媳妇却执意不给。于是，刘阿姨就到儿媳妇的家里去要抚恤金，儿媳妇说这些抚恤金是给孩子的，孩子还那么小将来需要钱。可刘阿姨觉得他们老两口年纪大了，也没有经济来源，也应该能分到一笔钱。两个人争吵不休，最后儿媳妇还是没有给，于是刘阿姨就到儿子生前的单位找了单位领导，跟单位领导说了她跟儿媳妇争吵的事情，希望单位领导能够为自己主持公道，单位领导表示清官难断家务事，无能为力。刘阿姨的希望一下子破灭了，面对不肯让步的儿媳妇小兰，她陷入了迷茫之中。

以案说法

这是一起因抚恤金归属产生争议的案例，我们平常所说的丧葬补助费、救济金、生活困难补助等都属于抚恤金的范畴。抚恤金既不是遗产，也不是夫妻共同财产。那么它的分配既不同于遗产继承，也不同于夫妻共同财产的分割。它发放的对象应当是家属，根据家属经济状况以及和死者关系的远近等因素来进行分配。在这个问题上，我们倡导家属也要践行社会主义核心价值观，也就是既要平等、公正、法治，也要文明、和谐、友善。让逝者安息，生者如斯。

法律条文

《工伤保险条例》

第三十九条 职工因工死亡，其近亲属按照下列规定从工伤保险基金领取丧葬补助金、供养亲属抚恤金和一次性工亡补助金：

（一）丧葬补助金为6个月的统筹地区上年度职工月平均工资；

（二）供养亲属抚恤金按照职工本人工资的一定比例发给由因工死亡职工生前提供主要生活来源、无劳动能力的亲属。标准为：配偶每月40%，其他亲属每人每月30%，孤寡老人或者孤儿每人每月在上述标准的基础上增加10%。核定的各供养亲属的抚恤金之和不应高于因工死亡职工生前的工资。供养亲属的具体范围由国务院社会保险行政部门规定；

（三）一次性工亡补助金标准为上一年度全国城镇居民人均可支配收入的20倍。

伤残职工在停工留薪期内因工伤导致死亡的，其近亲属享受本条第一款规定的待遇。

一级至四级伤残职工在停工留薪期满后死亡的，其近亲属可以享受本条第一款第（一）项、第（二）项规定的待遇。

不分遗产抚恤金，儿媳公婆起纠纷。
家属各方须兼顾，莫将他人份额吞。

私房钱买奔驰　离婚后仍归还

范之大和蔡晓雅是情人关系，两人在一起待了三年。一天蔡晓雅过生日，范之大问她想要什么礼物，她说想买辆奔驰车，范之大就答应她第二天去买。想到自己现任妻子吕翠花的种种不是，向蔡晓雅承诺尽快和老婆离婚。范之大回到家后跟老婆摊牌，并坚决要求离婚。他老婆吕翠花看事已至此，挽回无望，就提出让他净身出户，范之大开始不同意，但为尽快离婚，最终还是答应了。两人离婚后不到一个月，吕翠花看见范之大开着奔驰轿车，她很奇怪，明明净身出户，范之大哪来的钱买奔驰车呢？经打听她得知，原来范之大是在他们离婚前给蔡晓雅买的，用的是他们的夫妻共同财产，吕翠花很生气，暗下决心，一定要出这口恶气，不管用什么办法，一定要把属于自己的钱要回来，不能便宜了范之大和蔡晓雅。

以案说法

本案是一起离婚后财产纠纷，范之大在离婚前私自用夫妻共同存款购买车辆，登记在他人名下，这是隐藏、转移夫妻共同财产的行为。根据婚姻法第

47 条以及最高人民法院的有关司法解释，他的前妻有权向人民法院起诉，要求再次分割夫妻共同财产。现实生活中，夫妻一方在离婚前或者诉讼期间，隐藏、转移共同财产的现象时有发生，为了遏制这种恶意损害夫妻另一方财产权益的行为，我国婚姻法专门对离婚后财产纠纷诉讼进行了规定。通常有四种情况：一是离婚时没有对财产进行分割，离婚后分割财产时发生纠纷；二是离婚时达成了财产分割协议，离婚后因履行协议而产生的纠纷；三是离婚后对财产分割协议反悔，要求变更或者撤销协议而产生的纠纷，但是这种情形必须是离婚后一年之内起诉；四是一方离婚后发现另一方持有离婚时没有分割的财产而产生的纠纷。这一规定有利于保护无辜受损一方的合法权益，遇上有上述情况的一方，可以依法向法院起诉维权。

法律条文

《中华人民共和国婚姻法》

第四十七条　离婚时，一方隐藏、转移、变卖、毁损夫妻共同财产，或伪造债务企图侵占另一方财产的，分割夫妻共同财产时，对隐藏、转移、变卖、毁损夫妻共同财产或伪造债务的一方，可以少分或不分。离婚后，另一方发现有上述行为的，可以向人民法院提起诉讼，请求再次分割夫妻共同财产。

人民法院对前款规定的妨害民事诉讼的行为，依照民事诉讼法的规定予以制裁。

夫妻一场不容易，离婚析产别藏匿。
否则离后也要分，白白赚个不仁义。

遭遇家庭冷暴力　夫妻不和闹离婚

张海涛回到家发现老婆柳潇潇又没有在家，想到两人天天争吵打闹，觉得日子过得没有意思，根本没法过。而且这种情况已经持续了两年多。这时，柳潇潇回来了，张海涛对她说自己还没有吃饭，她却说你自己做饭吃去，别烦我。柳潇潇要回屋睡觉，也不让张海涛进门，张海涛好言相劝了很长时间。认为两人是夫妻，哪有分开睡的。不过柳潇潇就是不同意，还把卧室的门给关上了。第二天，张海涛跟老婆说她天天不着家、不做饭，感觉夫妻关系已经有名无实了。柳潇潇表现出一副无所谓的样子，于是张海涛提出了离婚，没想到她却不同意离婚。这段没有爱情的婚姻让两人心力交瘁，还能继续下去吗？

以案说法

有统计显示离婚案件中因为家庭暴力而导致婚姻解体的比例是非常高的。所谓家庭暴力多数人认为是指家庭成员之间的殴打、捆绑、禁闭等身体伤害行为，但是还有一种情况就是家庭成员之间的精神方面的侵害，也就是所谓的冷暴力。表现形式为家庭成员，特别是夫妻之间的冷漠、疏远和不闻不问等。家庭冷暴力表面看似平淡，但是它的危害同样很大，不仅使对方在精神上和心理上受到伤害，还会严重影响其他家庭成员，特别是未成年子女的身心健康，严重的会造成精神疾患。通过这个案例告诫大家，要杜绝家庭暴力，以免给夫妻双方和子女造成伤害，也提醒正在遭受家暴行为的人，要积极寻求解决途径,尽快结束这种不正常的家庭成员关系,营造温馨、和谐的家庭环境。

法律条文

《中华人民共和国婚姻法》

第三十二条 男女一方要求离婚的,可由有关部门进行调解或直接向人民法院提出离婚诉讼。

人民法院审理离婚案件,应当进行调解;如感情确已破裂,调解无效,应准予离婚。

有下列情形之一,调解无效的,应准予离婚:

(一)重婚或有配偶者与他人同居的;

(二)实施家庭暴力或虐待、遗弃家庭成员的;

(三)有赌博、吸毒等恶习屡教不改的;

(四)因感情不和分居满二年的;

(五)其他导致夫妻感情破裂的情形。

一方被宣告失踪,另一方提出离婚诉讼的,应准予离婚。

第四十三条 实施家庭暴力或虐待家庭成员,受害人有权提出请求,居民委员会、村民委员会以及所在单位应当予以劝阻、调解。

对正在实施的家庭暴力,受害人有权提出请求,居民委员会、村民委员会应当予以劝阻;公安机关应当予以制止。

实施家庭暴力或虐待家庭成员,受害人提出请求的,公安机关应当依照治安管理处罚的法律规定予以行政处罚。

家庭冷战算暴力,影响事业伤身体。

两败俱伤无赢家,百害无利又何必。

夫妻不和闹离婚　房子归属成问题

张飞和赵珊到了谈婚论嫁的年龄,这一天双方的家长见面准备商量结婚的事情。张飞的父亲建议他俩这两天把结婚证领了,好了却老人们的心事。赵珊的妈妈高兴地同意了,认为张飞人品挺好,没什么意见,她向未来的亲家公询问房子准备得怎么样了,张飞父亲说已经交钱了,房产证正在办理中。为防不测,赵珊妈妈提出要在房产证上加上自己女儿的名字,张飞父亲犹豫了一会儿,觉得就让儿子决定吧。为了早日结婚,房产证上最终加上了赵珊的名字。然而结婚没多久,两人因为感情不和决定离婚,赵珊要求分得房子的一半,张飞感觉买房子时赵家一分钱没出,房子不应该有赵珊的,两人为此又开始争吵,离婚的事情一下子僵在了房子上。

以案说法

本案是一起婚姻家庭纠纷案件,双方的分歧在于房子的分割问题。本案中男方当初已经同意将房屋变更为与女方共同所有,在离婚时就应当允许女方分割房产。如果男方反悔,女方起诉的话,法院会判决房屋归一方所有,得到房屋的一方要给另一方房屋一半的补偿。这个案例提醒我们在婚姻家庭中处理财产要慎重考虑,决定一旦做出很难改变。

法律条文

《中华人民共和国物权法》

第十七条第一款 不动产权属证书是权利人享有该不动产物权的证明。

第九十五条 共同共有人对共有的不动产或者动产共同享有所有权。

个人购房后结婚,产权仍然归个人。
一旦加名变共有,离婚双方都有份。

婚姻自由非儿戏　好心父母办错事

罗丛和李环是一对情侣，罗丛风趣幽默，李环美丽大方，两个人感情非常好，恋爱了一段时间以后，李环准备回家跟父母说结婚的事。回到家后，李环便向父母说要跟罗丛结婚，但是父母认为罗丛游手好闲没车没房，反对女儿和罗丛结婚，李环很生气，认为罗丛人好，就是自己心里的白马王子，于是便跟父母吵了起来。父亲以断绝父女关系来阻挠李环结婚，李环愤怒之下准备离家出走，父母见状便把她锁在了卧室里。过了两天，李环跟父母说同意不跟罗丛交往，并承诺从此以后和罗丛一刀两断。她父母以为她回心转意，于是就放她出门了。李环出门后就联系到了罗丛，两人躲了起来，一连几日没有回家，李环的父母知道被骗后很生气，原本想棒打鸳鸯，结果却事与愿违，白忙活了一场。

以案说法

婚姻自由是我国婚姻法的一项基本原则，是男女双方的基本权利，父母不能干涉子女的婚姻自由。同时，结婚也是人生的一件大事，应该慎重对待。上述案例中父母干涉子女婚姻自由的做法，固然是错误的，但父母毕竟是过来人，对于婚姻的酸甜苦辣有亲身经历，他们的见解很有参考价值，所以子女对于父母的建议、提醒、忠告甚至规劝也应该认真对待。

法律条文

《中华人民共和国婚姻法》

第三条 禁止包办、买卖婚姻和其他干涉婚姻自由的行为。禁止借婚姻索取财物。

婚姻自由乃法定，父母干涉也不行。
终身大事非儿戏，父母建议也该听。

恼人的爱情

范伟和尚云两个人在一起好多年了，然而这范伟却是有家室的人。有一天尚云让范伟离婚，范伟认为离婚对自己的财产有影响，于是就不想离婚。尚云坚决不同意现在这种关系，非得让范伟离婚，范伟一气之下起身离开了。过了几天范伟来找尚云，走到楼下看见尚云送一个男子离开，于是过来质问尚云，尚云告诉范伟那是她男朋友，范伟很生气，让尚云把花过他的钱还给他，还拿出以前的不雅视频来威胁尚云。事后尚云两次拿钱给范伟，范伟觉得还不够，非得让尚云再给10万块钱。尚云面对着范伟的纠缠痛苦不已，因为有把柄在范伟手里，敢怒不敢言，这场畸形的“爱情”终将如何结局？尚云将会为自己的无知付出什么代价呢？

以案说法

本案是一起典型的敲诈勒索案，案中的男主人公范伟偷录两人的不雅视频，并以此为要挟多次向尚云勒索钱财，数额巨大，其行为已触犯我国刑法

第274条的规定,涉嫌构成敲诈勒索罪。所谓敲诈勒索罪是指以非法占有为目的,对被害人使用威胁或者要挟的方法强行索要公私财物的行为。本案犯罪嫌疑人范伟之所以肆无忌惮地多次敲诈勒索,这与被害人的懦弱也有一定的关系。这个案例告诫人们在合法权益遭受不法侵害的时候一定要尽快向司法机关寻求帮助,用法律武器维护自己的权利,而不要畏首畏尾、忍气吞声。

法律条文

《中华人民共和国刑法》

第二百七十四条 敲诈勒索公私财物,数额较大或者多次敲诈勒索的,处三年以下有期徒刑、拘役或者管制,并处或者单处罚金;数额巨大或者有其他严重情节的,处三年以上十年以下有期徒刑,并处罚金;数额特别巨大或者有其他特别严重情节的,处十年以上有期徒刑,并处罚金。

女子错爱找郎君,负心男子留视频。
敲诈勒索当追究,交友不慎是教训。

字画风波

周青的妻子项莲在家打扫卫生，发现了一幅古董字画，这幅字画是周青的祖辈留传下来的，周青视为心肝宝贝。后来周青与项莲因为感情不和要离婚，项莲发现字画这些年的增值不少，于是项莲就要求平分，周青不同意平均分。因为这幅古董字画双方一直争执不下，对于这幅字画，项莲有权分吗？

以案说法

这是一起因离婚引发的财产纠纷案件，我国最高人民法院关于婚姻法的司法解释中规定，夫妻一方个人财产在婚后产生的收益，应认定为夫妻共同财产，但是孳息和自然增值除外。周青祖传的字画是婚前个人财产，在婚后字画价格上涨了两倍，这属于自然增值，应认定为周青个人财产，离婚时，妻子一方是无权参与分割的。由此可见，一方婚前个人财产于婚后产生的收益不一定都是夫妻共同财产。现在离婚案件居高不下，而因为离婚产生的财产纠纷也与日俱增。通过这个案例告诉大家，遇到问题时要多了解一些有关的法律知识，必要时可以通过协议、声明等方式就财产及其收益的归属做出书面约定，以免日后因此产生纠纷。

法律条文

《最高人民法院关于适用〈中华人民共和国婚姻法〉若干问题的解释（三）》

第五条 夫妻一方个人财产在婚后产生的收益，除孳息和自然增值外，应认定为夫妻共同财产。

婚前个人有财产，婚后分家犯了难。
收益一般归双方，孳息增值照婚前。

摇来的“借款”

吴天闲着无聊，就用手机玩“摇一摇”，摇着摇着就摇出一个月亮妹妹，没过多久，吴天就和月亮坠入爱河。恋爱期间，吴天向月亮妹妹借了10万元钱。好景不长，两人也走到了分道扬镳的一天。要分手了，月亮妹妹问吴天借的10万元钱怎么办？吴天说一定还，可是月亮妹妹还要10万元的精神损失费，一共20万元，吴天为了摆脱她，就被迫给月亮妹妹打了欠条。后来吴天对自己的冲动之举有些后悔。面对月亮妹妹的追债痛苦不堪，可是欠条确实是自己打的。苦闷的吴天心情很差，原本只是逢场作戏，没成想弄巧成拙，面对这摇来的“借款”，吴天该怎么办呢？

以案说法

这个案件涉及借款事实的认定问题，而证据是认定事实的关键，微信聊天记录属于电子数据，属于我国民事诉讼法第63条所列的八类证据之一。随着科技的发展，人们的交流方式也在进步，在经贸活动中，新型的沟通方式也越来越多，如电子邮件、QQ、微信等。如果发生纠纷，这些也都是可以作为证据的。在法律实务中,经常出现由于当事人不在意,而将对自己有利的电子数据删除,导致无法提交证据。在此提醒当事人要注意留存这些视听资料、电子数据等,以便在发生争议时有据可查。

法律条文

《中华人民共和国民事诉讼法》

第六十三条 证据包括:

(一)当事人的陈述;

(二)书证;

(三)物证;

(四)视听资料;

(五)电子数据;

(六)证人证言;

(七)鉴定意见;

(八)勘验笔录。

证据必须查证属实,才能作为认定事实的根据。

本无借款写借条,只因两人曾胡闹。
微信记录明真相,电子证据要存好。

短命的婚姻

罗路和李香玉偶然相遇，两人彼此有好感，一下子陷入了爱河。两人恋爱三个多月后，罗路和李香玉提出结婚，李香玉说结婚可以，但为了怕罗路反悔，提出要20万元的彩礼。几天后，罗路拿着20万元的彩礼找到了李香玉，两人高高兴兴地领证结婚了，没过几天李香玉趁罗路睡着的时候，悄悄地拿着20万元的彩礼和自己的生活用品离开了家，从此杳无音信。人没了，钱也没了，这短命的婚姻让原本就不宽裕的罗路陷入了生活的“绝境”。

以案说法

这是一起涉嫌诈骗的案件，案中的李香玉以结婚为诱饵，以非法占有为目的，骗取罗路的财产数额巨大，其行为已触犯了我国刑法第266条规定，涉嫌诈骗罪，她将承担刑事责任。至于罗路被骗的钱财，他还可以通过民事诉讼的途径，要求李香玉予以返还。也就是说，李香玉不仅要承担刑事责任，还要承担民事责任。君子爱财取之有道，发财致富应靠辛勤劳动，而不能寻求歪门邪道，更不能通过骗婚的形式谋取不义之财，这样终将害人害己。

法律条文

《中华人民共和国刑法》

第二百六十六条 诈骗公私财物，数额较大的，处三年以下有期徒刑、拘役或者管制，并处或者单处罚金；数额巨大或者有其他严重情节的，处三年以上十年以下有期徒刑，并处罚金；数额特别巨大或者有其他特别严重情节的，处十年以上有期徒刑或者无期徒刑，并处罚金或者没收财产。本法另有规定的，依照规定。

男女仓促把婚结，生活数日就离别。
高额彩礼打水漂，涉嫌诈骗要担责。

隔断的亲情

董天和楚美美是多年的夫妻，董天因发生意外，导致瘫痪在床，他们的孩子一直是由董天的父母照顾着。前段时间，楚美美对两人日后的生活绝望至极，经过权衡，她选择带着两人的孩子离开。董天和楚美美很快办理了离婚手续，孩子判给了楚美美。时间久了，董天在家想孩子，不想吃饭，董天的妈妈就来找楚美美，希望带孩子回去看看爸爸和爷爷，楚美美说孩子爸爸想看自己来看，爷爷奶奶看不着，没有这个权利，坚决不让婆婆把孩子带回去。面对蛮不讲理的儿媳妇，老两口流下了伤心的泪水。

以案说法

本案是一起探望权纠纷案件，董天因意外丧失行为能力，无法行使监护权。而董天的父母在董天丧失行为能力前后，一直抚养照顾着孙子，也就是说他们已经根据我国婚姻法第 28 条的规定,代替董天履行了对孩子的抚养义务。如今孩子的爷爷奶奶探望孙子,作为孩子母亲的楚女士,应当提供条件,她拒绝爷爷奶奶探望孙子是错误的。那种出于报复等心理阻碍爷爷奶奶探望孙子孙女或者外公外婆探望外孙子外孙女的做法,不利于未成年人的身心健康。

法律条文

《中华人民共和国婚姻法》

第三十八条 离婚后,不直接抚养子女的父或母,有探望子女的权利,另一方有协助的义务。

行使探望权利的方式、时间由当事人协议;协议不成时,由人民法院判决。

父或母探望子女,不利于子女身心健康的,由人民法院依法中止探望的权利;中止的事由消失后,应当恢复探望的权利。

儿子意外受重伤,祖父母把孙子养。
儿媳带走没有错,祖父母有权探望。

离婚不离债

这一天，马原野来找杨长笑，马原野说想买辆车，但是最近手头不宽裕，想找杨长笑借10万元钱，杨长笑让马原野给他打了个借条，签上马原野的名字，就这样杨长笑借给了马原野10万元钱。一段时间后，到了还款的日期，杨长笑来找马原野要钱，马原野总是推托。后来，马原野和妻子小项离婚了，房子和存款都归了小项，当杨长笑再找马原野时，马原野已不知去向。于是，杨长笑又来找小项，小项说她已经和马原野离婚了，这欠款也是马原野欠的，要找也是找马原野。马原野和小项相互推诿，就是不还钱。杨长笑后悔自己当初瞎了眼，可是这借出去的钱该怎么办呢？

以案说法

本案是一起民间借贷纠纷案，但焦点在于是否属于夫妻共同债务的认定。杨长笑持有的借条上面尽管只签署了马原野一个人的名字，但该债务形成于马原野和小项夫妻关系存续期间，而且借款用于家庭购车，因而应属于夫妻共同债务。马原野和小项虽然后来离婚,但是这个债务依法仍应由夫妻双方共同偿还。杨长笑可以通过诉讼途径,从小项那儿讨回该笔借款,但无疑将耗费时间和人力物力,增加维权的成本。但当初他如果让小项在借条上共同署名的话,也许就能避免这个麻烦。在此提醒大家,如果债务属于夫妻共同承担的,您作为债权人,最好让债务人夫妻都在收据、欠据上予以署名,以免日后产生歧义或纠纷。

法律条文

《最高人民法院关于适用〈中华人民共和国婚姻法〉若干问题的解释(二)》

第二十五条 当事人的离婚协议或者人民法院的判决书、裁定书、调解书已经对夫妻财产分割问题作出处理的,债权人仍有权就夫妻共同债务向男女双方主张权利。

一方就共同债务承担连带清偿责任后,基于离婚协议或者人民法院的法律文书向另一方主张追偿的,人民法院应当支持。

夫妻债务凭啥定,共同生活和经营。

为免以后起纷争,最好两人都签名。

父亲欲再婚　子女疑虑多

范知足的妻子早就过世，自己一个人好不容易把儿女拉扯大，这眼看着孩子们一个个都长大成人，自己也过了不惑之年，范知足也开始考虑自己再婚的事情了。经朋友介绍，范知足认识了林贤惠女士，经过交往，两人情投意合。可是范知足的儿子对范知足再婚的事情有诸多疑虑，认为林贤惠别有用心，就想劝告父亲，没成想这让范知足大为恼火。儿子一看父亲不听自己的劝告就赶紧打电话给自己的妹妹，让妹妹再劝劝父亲。范知足的儿女认为林贤惠比自己的父亲小十多岁，没房子没工作就是想要骗父亲的房子和退休金的，范知足听了这话很是生气，跟儿女们大吵起来。原本老人一桩美满的婚姻，却因为子女的横加干涉面临泡汤的境地，这场黄昏恋能如老人的心愿吗？

以案说法

婚姻自由并不是年轻人的专利，老年人的婚姻自由权同样受法律保护，我国婚姻法第 2 条和老年人权益保障法第 21 条都有明确的规定，本案中老范的子女担心父亲的房子将来被后妈占去，阻止老年人再婚，无视婚姻法的规定而干涉婚姻自由的行为是违法的。我国民法通则、物权法和老年人权益保障法等法律也都有明确规定。根据这些规定，老年人对房屋享有占有、使用、收益和处分的权利，如果老人通过遗嘱等其他的形式将房子赠与后来的老伴，那么子女也是无权干涉的。所以作为儿女所能做的只有正确对待老人的再婚问题，尊重老人的选择，可以提出建议或者提醒老人。

法律条文

《中华人民共和国老年人权益保障法》

第二十一条 老年人的婚姻自由受法律保护。子女或者其他亲属不得干涉老年人离婚、再婚及婚后的生活。

赡养人的赡养义务不因老年人的婚姻关系变化而消除。

第二十二条 老年人对个人的财产，依法享有占有、使用、收益和处分的权利，子女或者其他亲属不得干涉，不得以窃取、骗取、强行索取等方式侵犯老年人的财产权益。

养儿育女受苦难，追求幸福黄昏恋。
老年婚姻受保护，儿女尊重理当然。

"非婚同居"之殇

这天，范铁柱从外面气呼呼地回到家，到家后又对着老婆劈头盖脸一通数落。原来是范铁柱在外面吃饭，妻子刘絮一个劲儿给范铁柱打电话催其回家，让范铁柱感到厌烦。而刘絮却说叫他回家没有错，这一句话可把范铁柱气坏了。范铁柱就以没登记为由，说刘絮再如此无理取闹，就把她轰出去，生活了这么多年早已和她过够了，结果两人大吵起来。范铁柱当场就让刘絮收拾衣服走人，并且还说家里的一切都没有她的份。刘絮见范铁柱如此绝情，无奈的她只得找好姐妹帮她想办法，好姐妹得知刘絮只是在老家举行了结婚仪式，而没有领取结婚证的时候也非常吃惊，埋怨刘絮太傻。范铁柱的绝情，让刘絮后悔当初草率的决定，但事已至此，她只能含着眼泪把苦果往肚子里咽了。

以案说法

本案是一起同居关系纠纷。同居通常有两种情况：非婚同居和婚外同居。我国法律对于非婚同居既不鼓励也不禁止；对于婚外同居则持否定立场。但是无论是哪种同居，因同居关系所引发的财产纠纷，因为不能适用婚姻法的规定,所以在处理财产纠纷时,面临着一定问题。本案中,如果范先生和刘女士当初依法办理结婚登记,那么若无特别约定,其二人婚姻关系存续期间所得财产,无论在谁名下都会被认定为共同财产,但由于两人并没有办理结婚登记,就不属于法律意义上的夫妻关系。根据我国婚姻法以及最高人民法院的有关司法解释,如果刘女士要求法院判决,继续维持这种同居关系是不可能的。同居期间财产分割问题,尽管规定法院应该受理,但是分割时参照共有的有关规定处理,那么范先生名下的财产,是否为他和刘女士共有?刘女士要承担举证责任,这对于刘女士来讲是非常困难的,将面临合法权益因举证不能而得不到保护的极大风险。这个案例告诫人们,确定夫妻关系一定要依法办理结婚登记手续,以使自己的人身和财产受到法律保护。

法律条文

《最高人民法院关于适用〈中华人民共和国婚姻法〉若干问题的解释(二)》

第一条第二款 当事人因同居期间财产分割或者子女抚养纠纷提起诉讼的,人民法院应当受理。

同居翻脸分财产,自有共有划界难。

为了权利受保护,结婚登记应早办。

为啥不能起这名

周志远和妻子老来得子，十分开心。这天，周志远和妻子在家聊天，周志远觉得妻子为此受了不少苦，提出让儿子随母姓“易”，妻子一听当然很高兴。但是周志远提出将这个易字变化一下，显示独特，还好记，关键是寓意特别棒。妻子一听就很乐意，问周志远有何高见？原来周志远想用“E”来代替这个易字，叫“E鑫”。妻子见周志远如此兴致勃勃，也不想让他不开心，就答应了。当周志远去派出所落户口时，没成想这个名字根本落不了户口，这下可让周志远气坏了，在派出所大闹一场。回家后的周志远越想越生气，就和老婆商量，不能就这么和派出所算了，要起诉派出所，说起名是自己的权利，再说了，好不容易费尽心思给儿子取个名，却落不了户，派出所非得给自己个说法，否则这事没完。

以案说法

周先生的要求如果诉到法院的话，应该是一起涉及姓名权的公安行政管理案件，我国法律规定公民享有姓名权，有权决定、使用和依照规定改变自己姓名的权利，但是还应当遵守公序良俗，尊重社会公德。我国民法通则第99条和婚姻法第22条，就公民姓名权问题作出了规定。全国人民代表大会常务委员会在2014年还发布过一个解释，规定公民原则上应当随父姓或者随母姓，只规定了三种例外的情形。由于周先生的要求并不符合上述法律规定，所以公安机关拒绝其使用“E鑫”这个名字是合法的。希望通过这个事例能够使大家对于公民姓名权的含义有更为客观、全面的了解。

法律条文

《全国人民代表大会常务委员会关于〈中华人民共和国民法通则〉第九十九条第一款、〈中华人民共和国婚姻法〉第二十二条的解释》

公民依法享有姓名权。公民行使姓名权，还应当尊重社会公德，不得损害社会公共利益。

公民原则上应当随父姓或者母姓。有下列情形之一的，可以在父姓和母姓之外选取姓氏：

（一）选取其他直系长辈血亲的姓氏；

（二）因由法定扶养人以外的人扶养而选取扶养人姓氏；

（三）有不违反公序良俗的其他正当理由。

少数民族公民的姓氏可以从本民族的文化传统和风俗习惯。

公民享有姓名权，但是法律有红线。
公序良俗须遵守，起名不能太随便。

都是孩子惹的祸

范仁义和妻子刘云感情不和闹离婚,这天,范仁义回到家又对妻子提出离婚,他的妻子还是坚决不同意,但这一次范仁义是铁了心了,对她说得很决绝,没留任何挽回的余地。刘云一看事已至此,再耗下去也确实很没劲,就提出离婚要把孩子带走。两人因为孩子又僵持了好久,最后范仁义同意了,且还答应刘云为了孩子要分给她大部分财产的要求。刘云和范仁义办理完离婚手续后,就带着孩子先回娘家了。

范仁义的妹妹听闻哥哥离婚了,前来安慰,正好看到范仁义一个人在家喝闷酒。得知哥哥离婚时,将大部分财产给了要了孩子的前妻时,心里不服气,于是她将一个秘密说了出来。原来刘云带走的孩子并不是范仁义亲生,这事碍于他们当时还是夫妻没敢告诉他。但事已至此,这事也没有隐瞒的必要了。范仁义听妹妹这么一说,差点气吐血,要找刘云算账。

为稳妥起见,范仁义带着资料去申请做了亲子鉴定。结果显示孩子并非范仁义亲生,他立马火冒三丈,继而就去找刘云了。刘云见范仁义什么都知道了,也就索性都承认了。范仁义大怒,说刘云这属于欺骗,要将财产全部拿回来。刘云说离婚时财产分割两人都同意了，哪能说要回就要回呢？结果两人大吵起来。最后范仁义告诉刘云如果不归还财产，就法院见。

以案说法

本案是一起离婚后损害责任纠纷。范先生为了照顾孩子，在协议离婚时将大部分财产留给了抚养孩子的刘云。可是离婚后却发现这孩子与自己并无血缘关系，而刘云在婚姻关系存续期间并没有将实情告诉范先生。既然孩子非己所生，那么范先生抚养孩子的义务便不复存在，离婚协议也失去了自愿和诚心的基础。根据我国婚姻法的相关规定，范先生有权请求法院确认离婚协议中抚养孩子的相关内容无效，要求返还相应的财产。律师提醒请求变更或者撤销财产分割协议的，应当在离婚后一年内提出。另外，刘云的行为还违反了互负忠实义务的规定，范先生有权主张精神损害赔偿。此案例告诫人们，如果夫妻一方不遵守忠实义务，迟早会自食苦果。

法律条文

《最高人民法院关于适用〈中华人民共和国婚姻法〉若干问题的解释（二）》

第九条　男女双方协议离婚后一年内就财产分割问题反悔，请求变更或者撤销财产分割协议的，人民法院应当受理。

人民法院审理后，未发现订立财产分割协议时存在欺诈、胁迫等情形的，应当依法驳回当事人的诉讼请求。

夫妻之间要忠实，彼此感情须专一。
如若玩火酿苦果，总有一天悔莫及。

这彩礼能退吗

杨华通过家人介绍认识常青并且很快就订了婚。可是订婚之后，常青把自己是被父母逼婚的事情告诉了她，并且告诉杨华他早已有了心上人，和杨华早晚会解除婚约，杨华听后很伤心。虽然对常青很是心仪，但为了自己将来的幸福着想，杨华还是同意和常青分手，但是礼金不退，作为常青欺骗自己的惩罚。常青很不情愿，婚没结成，彩礼难道也要打水漂吗？

以案说法

本案是因为退还彩礼而引发的纠纷。登记结婚前叫婚约财产纠纷，结婚后就是离婚财产纠纷。订婚以及送彩礼虽非法定程序，但现实生活中却十分普遍，因返还彩礼引发的纠纷也很多。上述案例中的情况根据婚姻法以及最高人民法院的有关司法解释，婚约解除，彩礼应当退回。但需要注意的是，并非任何情况下彩礼都要退回，根据不同情况，彩礼被判决部分退回甚至不予退回的情况都有。在现实生活中，还经常遇到一种情况，就是彩礼送还是没送，以及送了多少双方各执一词，甚至说法截然相反，那么就需要要求返还彩礼的一方提供证据，所以最好送彩礼时在不伤感情的情况下留下证据，比如经他人转手或通过银行转账等，以备不时之需。

法律条文

《最高人民法院关于适用〈中华人民共和国婚姻法〉若干问题的解释(二)》

第十条 当事人请求返还按照习俗给付的彩礼的，如果查明属于以下情形，人民法院应当予以支持：

(一)双方未办理结婚登记手续的；

(二)双方办理结婚登记手续但确未共同生活的；

(三)婚前给付并导致给付人生活困难的。

适用前款第(二)、(三)项的规定，应当以双方离婚为条件。

订婚女方收彩礼，不久男方表悔意。
彩礼返还有规定，婚姻自由不能逼。

出轨的代价

范鑫和妻子感情不和，一次偶然的机会与另一名女性产生火花，两人同居并过起了日子。后来，范鑫和妻子离了婚。当离婚手续刚办完，他就到女朋友家里与其相聚，两人开始谋划未来的幸福生活。就在这时，范鑫接到前妻打来的电话，说有事找他，要求见面，没成想两人一见面就大吵一架。之后，范鑫听女朋友说其前妻又到其女朋友工作单位大吵了一通，不仅如此，范鑫前妻还以离婚前他和别的女人同居为由，又把他告上了法庭，并索要损害赔偿。

以案说法

夫妻之间的忠实义务，是我国婚姻法规定的一项原则。本案是一起离婚后损害责任纠纷。范鑫因在婚内出轨，离婚后才被前妻发现，前妻仍然有主张损害赔偿的权利。本案中范鑫的行为既违反了婚姻法的规定，败坏了社会风气，也对前妻造成了伤害。根据婚姻法第46条的规定，其前妻可以主张精神损害赔偿。这个案例表明，夫妻之间应该相互忠实，否则要承担法律责任。如果一方发现对方有上述行为，不管是婚内还是离婚后，在法定时效内都有权主张损害赔偿。

法律条文

《中华人民共和国婚姻法》

第四十六条 有下列情形之一，导致离婚的，无过错方有权请求损害赔偿：

（一）重婚的；

（二）有配偶者与他人同居的；

（三）实施家庭暴力的；

（四）虐待、遗弃家庭成员的。

夫妻真情待对方，社会正气要弘扬。

忠实义务须履行，否则损害要赔偿。

无法实现的赠与

孙淑芬女士最近遇到了一件麻烦事，她多年前和前夫离婚时，本来两人已经一致同意将共有的一套房屋赠与孩子，并且明明白白写到了离婚协议中，但是并未办理过户登记。可是，前不久前夫去世，房子突然被查封了，经了解，房子被查封是因为前夫欠下了借款。如今前夫去世了，要想继承这房子得先还债，可是这债是房子赠与孩子之后并且在离婚后前夫欠下的，要继承这房子真的要先还债吗？

以案说法

本案是一起物权保护纠纷，涉及不动产赠与是否完成的问题。根据我国物权法的规定，不动产物权设立、变更和转让等等，只有经过依法登记才发生效力，否则即使定在合同里也不产生相应的效力。本案中尽管夫妻离婚时在离婚协议中明确将房屋赠与孩子，但始终没有办理不动产产权登记，所以，从法律意义上讲，赠与的行为并没有完成。因而在作为房屋共有人之一的前夫去世后，其享有的份额就变成了遗产，孩子如果继承遗产就在所继承遗产的限额内偿还债务，由此赠与的初衷就无从实现。这个案例警示我们，对于房屋、土地这样的不动产，不论是赠与还是买卖，都要依法尽快办理不动产产权变更登记，只有这样相应的物权才能得以享有。

法律条文

《中华人民共和国物权法》

第九条 不动产物权的设立、变更、转让和消灭，经依法登记，发生效力；未经登记，不发生效力，但法律另有规定的除外。

依法属于国家所有的自然资源，所有权可以不登记。

离婚房产赠孩子，产权变更未办理。
继承房产要还债，赠与难以变现实。

二、劳动争议篇

工伤责任谁承担

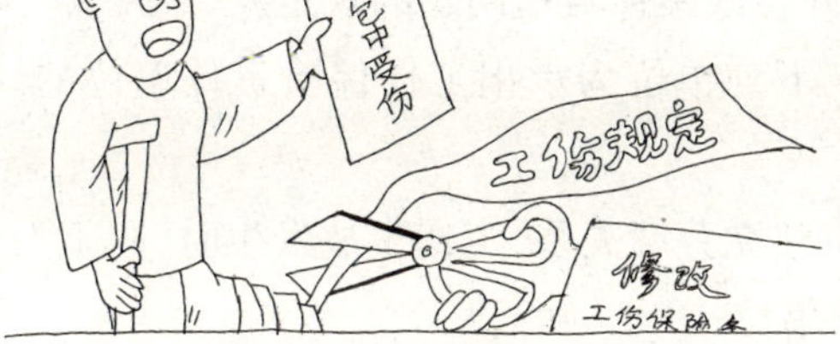

范有才是某建筑公司的老总，近期他承揽的工程赶工期进度，但是自己公司在建筑材料的运送工作上人手不够，范有才就想到了自己的老乡马识途。范有才告诉马识途这项工作没有技术含量，全是卖力气的活，找几个年轻力壮的小伙子就可以干，最重要的是不拖欠费用。马识途见有利可图，就爽快地答应了，并很快召集了一批人，没几天就开工了。尽管范有才再三叮嘱马识途要注意安全，但没过两天马识途就急匆匆地来找范有才，告诉范有才工地出事了。因为赶工期需要让工人晚上加班，有个工人一不留神踩空，摔成重伤，工人家属认为这属于工伤应该由建筑公司为此负责，范有才认为自己没和对方签合同，干两天活就算工伤，这对自己太不公平了。范有才告诉马识途这事不要着急，该怎么处理就怎么处理。马识途听后心里嘀咕，范有才真的对此没有责任吗？

以案说法

《最高人民法院关于审理工伤保险行政案件若干问题的规定》第3条规定了兼职数家、劳务派遣、单位指派、违法转包、挂靠经营等五种情形下承担工伤保险责任的主体，如果社会保险行政部门认定这五类单位为工伤保险责任单位的，人民法院应予支持。目前个别有资质的单位为了赚取管理费而违法转包或者允许他人挂靠经营，而又不加强对接受转包或者挂靠人的管理，疏忽其安全生产，结果导致安全事故频发，发生工伤事故后包工头、挂靠人往往想方设法逃避，甚至溜之大吉。而用工单位又以和因工伤亡者不存在劳动关系为由推脱，导致职工或者其亲属索赔困难。最高人民法院的上述规定强化了用工主体的责任。在此提醒用工单位要加强对生产资质和用工安全的管理，否则在违法转包或者他人挂靠经营的情况下，一旦发生职工伤亡事故，不管是不是与本单位订立了劳动合同，都要承担工伤保险责任。

法律条文

《最高人民法院关于审理工伤保险行政案件若干问题的规定》

第三条 社会保险行政部门认定下列单位为承担工伤保险责任单位的，人民法院应予支持：

（一）职工与两个或两个以上单位建立劳动关系，工伤事故发生时，职工为之工作的单位为承担工伤保险责任的单位；

（二）劳务派遣单位派遣的职工在用工单位工作期间因工伤亡的，派遣单位为承担工伤保险责任的单位；

（三）单位指派到其他单位工作的职工因工伤亡的，指派单位为承担工伤保险责任的单位；

（四）用工单位违反法律、法规规定将承包业务转包给不具备用工主体资格的组织或者自然人，该组织或者自然人聘用的职工从事承包业务时因工伤亡的，用工单位为承担工伤保险责任的单位；

（五）个人挂靠其他单位对外经营，其聘用的人员因工伤亡的，被挂靠单位为承担工伤保险责任的单位。

转包挂靠与派遣，用工主体担保险。

只顾收费不尽责，因工伤亡免责难。

午餐时间受伤是否算工伤

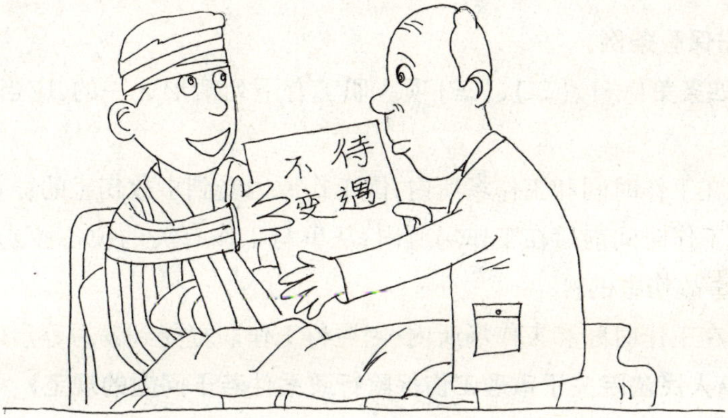

马路遥是某公司员工，因为公司离家较远，中午下班一般都在公司食堂就餐。一天，他在公司吃饭的时候，由于地板上有水，脚下打滑，重重地摔在了地上，把腿给摔伤了，并因此住进了医院。住院期间，公司不但没有承担医疗费用，而且还把马路遥的工资给扣了，马路遥很是生气，于是就到公司找老板理论。马路遥觉得这应该算工伤，而老板觉得中午吃饭不属于上班时间，不能算工伤。马路遥对老板的解释很不满，他该怎么办？

以案说法

上述案例中，这位职工所受的伤害是可以认定为工伤的，公司扣他的工资是不对的。工作场所通常是指用人单位完成生产经营活动所涉及的相关区域，食堂是生产经营的配套设施，服务于生产经营，属于用人单位管理。那么劳动者在工作单位的食堂用餐，属于工作场所的合理延伸。职工在就餐期间受伤，那么就餐的时间可以认定为中间休息时间，与工作也有直接的关系。根据《工伤保险条例》第 14 条规定的原则和《最高人民法院关于审理工伤保险行政案件若干问题的规定》第 4 条以及其他的有关规定，是符合认定工伤的条件的。尽管国家有关劳动方面的法律法规越来越健全，但是用人单位侵犯劳动者合法权益的事情仍时有发生，在此提醒广大的劳动者，要多学习有关的法律法规，及时有效地维护自己的合法权益。

法律条文

《工伤保险条例》

第十四条第（一）、（二）、（三）项 职工有下列情形之一的，应当认定为工伤：

（一）在工作时间和工作场所内，因工作原因受到事故伤害的；

（二）工作时间前后在工作场所内，从事与工作有关的预备性或者收尾性工作受到事故伤害的；

（三）在工作时间和工作场所内，因履行工作职责受到暴力等意外伤害的。

《最高人民法院关于审理工伤保险行政案件若干问题的规定》

第四条第（四）项 社会保险行政部门认定下列情形为工伤的，人民法院应予支持：

（四）其他与履行工作职责相关，在工作时间及合理区域内受到伤害的。

就餐摔倒在食堂，这种情形算工伤。
非但工资不能扣，其他待遇也不降。

劳动报酬拒支付　依法担责没商量

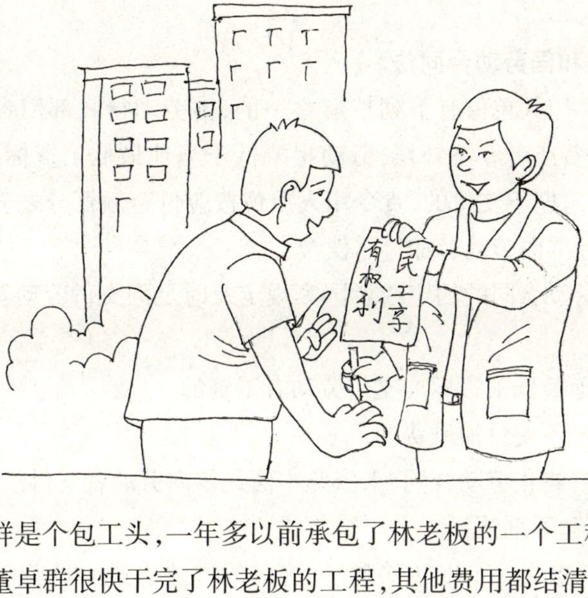

董卓群是个包工头，一年多以前承包了林老板的一个工程，既懂业务又做事麻利的董卓群很快干完了林老板的工程，其他费用都结清了，但工程尾款5万元却迟迟没有收到。董卓群给林老板打电话要钱，林老板以各种理由推脱。每次找林老板，林老板也是以各种理由不给钱。眼看就快过年了，不知所措的董卓群再次找到林老板楼下等他，林老板说那个工程人家没有给他结钱，他也没法给董卓群结账，一番争执后，林老板答应一个星期后给董卓群结钱。一星期后，董卓群给林老板打电话却总是无人接听，找人也找不到了。

以案说法

上述案例是一起涉嫌拒不支付劳动报酬的刑事案件。在该案中林某并非因为经营不善等客观原因无力支付农民工报酬，主观上具有直接故意性，而且以逃匿的方法逃避支付劳动者的报酬，并且数额较大，若经政府有关部门责令支付仍不支付的，依法应当追究其刑事责任。对于劳动者而言工资被恶意拖欠时，完全可以拿起法律的武器依法维权，只有劳动者的维权意识增强了，用人单位和承包人才不敢胆大妄为，恶意拖欠工资的现象才能逐渐减少。对用人单位和承包人而言，一定要信守承诺、诚信做人、遵纪守法，否则最终一定会受到道德和法律的双重审判。

法律条文

《中华人民共和国劳动合同法》

第八十五条 用人单位有下列情形之一的，由劳动行政部门责令限期支付劳动报酬、加班费或者经济补偿；劳动报酬低于当地最低工资标准的，应当支付其差额部分；逾期不支付的，责令用人单位按应付金额百分之五十以上百分之一百以下的标准向劳动者加付赔偿金：

（一）未按照劳动合同的约定或者国家规定及时足额支付劳动者劳动报酬的；

（二）低于当地最低工资标准支付劳动者工资的；

（三）安排加班不支付加班费的；

（四）解除或者终止劳动合同，未依照本法规定向劳动者支付经济补偿的。

《中华人民共和国刑法》

第二百七十六条之一 以转移财产、逃匿等方法逃避支付劳动者的劳动报酬或者有能力支付而不支付劳动者的劳动报酬，数额较大，经政府有关部门责令支付仍不支付的，处三年以下有期徒刑或者拘役，并处或者单处罚金；造成严重后果的，处三年以上七年以下有期徒刑，并处罚金。

单位犯前款罪的，对单位判处罚金，并对其直接负责的主管人员和其他直接责任人员，依照前款的规定处罚。

有前两款行为，尚未造成严重后果，在提起公诉前支付劳动者的劳动报酬，并依法承担相应赔偿责任的，可以减轻或者免除处罚。

雇主老板请思量，欠薪不能玩躲藏。

拒不支付是犯罪，失信坐牢名誉葬。

职工被放假　单位也付酬

大成商贸公司一直以效益不好为由给职工放假，这次都放假两个多月了，公司职工秦永遇到了邵光鑫，两人一块聊到了生活的窘迫。邵光鑫说现在没有事干，还上有老、下有小。一直以来家里就他一个人挣钱，现在公司这种情况，家里都揭不开锅了，生活得太累了。秦永说不然咱们去找找李总吧。于是，秦永和邵光鑫来到公司李总的办公室，秦永说这都放假两个多月了，能给点生活费吗？邵光鑫也说自已家里现在生活开支需要钱。但李总表示现在公司效益不好，等好了就给他们发工资。秦永认为这是违反劳动合同法的，李总却表示，要讲劳动合同法就找劳动部门讲去。面对蛮不讲理的老板，秦永和邵光鑫气愤不已，他们的工资能要回来吗？

以案说法

个别企业通过给职工放假，放假期间又停发工资这样的手段来降低成本，殊不知这不仅损害了职工的积极性和合法权益，同时也是违反有关法律规定的。通过上面的案例提醒有类似情形的企业，要切实维护职工的合法权益，给予职工应有的待遇。同时也提醒广大职工,遇有上述情形时,应依法与用人单位进行交涉,维护自己的合法权益。

法律条文

《工资支付暂行规定》

第十二条 非因劳动者原因造成单位停工、停产在一个工资支付周期内的,用人单位应按劳动合同规定的标准支付劳动者工资。超过一个工资支付周期的,若劳动者提供了正常劳动,则支付给劳动者的劳动报酬不得低于当地的最低工资标准;若劳动者没有提供正常劳动,应按国家有关规定办理。

企业放假降成本,职工不能被断薪。
生活费用不可少,有了保障人才稳。

恶意扣除工资　不受法律保护

岳群的老婆想换个新手机，打算买个3000多元的，岳群很爽快地答应了。第二天，岳群回家后问老婆买手机了吗？岳群的老婆很不高兴地说买什么手机啊，你的工资不是每月5000多元么？怎么少了1200元啊？岳群很奇怪，觉得不可能。第二天上班后，岳群找到了单位马经理，询问他工资上个月少发了1200元的情况，马经理说上个月开始新的考勤制度，按新规定岳群迟到早退12次，一次扣100元，所以扣了1200元。岳群听后表示对新规定不知情。马经理说这是公司高层的决定，从上个月开始施行，还说岳群作为老员工应该遵守公司的规章制度，如果岳群再继续这样下去，也有可能要被开除，岳群觉得很委屈，同时也对公司罚款决定的合理性充满了怀疑。

以案说法

本案是一起劳动争议案件，公司员工岳群因违反了单位的所谓规章制度，而被扣发工资。但是由于用人单位的规章制度，没有按照劳动合同法第4条以及其他的有关法定程序制定并予公示，所以单位对岳群的处罚涉嫌违法。如果岳群申请仲裁的话，该处罚将被否定。这个案例提醒我们，用人单位享有制定和利用规章制度进行管理的权利,但是对该权利的运用不可以任性。这些规章制度要按照法定程序制定、修改;该经过职工代表大会或者全体职工讨论的,要经过讨论;该与职工或者工会平等协商的,要经过平等协商;该公示或者告知劳动者的,要公示或者告知。另外,还有两个问题值得注意:一是用人单位在履行上述程序,制定规章制度的时候,要收集并保存经有关人员签字认可的书面文件,以便有据可查;二是国家从保护劳动者的权益出发,对用人单位处罚劳动者设定了许多限制,比如本案中处罚不能超过本人月平均工资的20%等,超出这些限制的规章制度也是无效的。

法律条文

《中华人民共和国劳动合同法》

第四条 用人单位应当依法建立和完善劳动规章制度,保障劳动者享有劳动权利、履行劳动义务。

用人单位在制定、修改或者决定有关劳动报酬、工作时间、休息休假、劳动安全卫生、保险福利、职工培训、劳动纪律以及劳动定额管理等直接涉及劳动者切身利益的规章制度或者重大事项时,应当经职工代表大会或者全体职工讨论,提出方案和意见,与工会或者职工代表平等协商确定。

在规章制度和重大事项决定实施过程中,工会或者职工认为不适当的,有权向用人单位提出,通过协商予以修改完善。

用人单位应当将直接涉及劳动者切身利益的规章制度和重大事项决定公示,或者告知劳动者。

用人单位立规矩,员工利益须考虑。
程序尺度要合法,劳资共奏和谐曲。

员工被辞退　表见代理仍有效

郭嘉是一家公司的业务员，由于老是拿回扣，经理张远见找他谈话后，辞退了他。郭嘉很不满，被辞退后郭嘉拿着公司的买卖合同，来到了曾经多次合作的马经理那里，马经理一看是郭嘉很信任，就签了合同，郭嘉要求这次先多付一些货款，马经理很爽快地答应了。一个月后马经理发现还没有给他们发货，就打电话给张远见，张远见一听就蒙了，上个月根本没有跟马经理签过合同，马经理就说是业务员郭嘉来的。张远见就跟马经理说郭嘉早在三个月前就被辞退了，他的行为跟我们没有关系。马经理认为有关系，不给货就走法律程序。张经理心里打起了鼓，难到公司真摊上事儿了？

以案说法

我国合同法规定了表见代理制度，所谓表见代理是指没有代理权、超越代理权或者代理权终止后以被代理人名义订立合同，相对人有理由相信行为人有代理权的这样一种代理行为，这样的代理行为是有效的。表见代理制度的设立，有利于保护交易安全，促进交易的形成。但是，有时会对被代理人或者相对人造成损失。上述案例中发生的就是这种情况。因此，建议相关单位：一是加强人力资源的管理；二是加强印章以及合同、授权委托书、业务介绍信等文书的管理；三是一旦人员变动应当立即通知有关的单位，特别是与原来的员工有业务往来的客户，以免因客户不知情而使原业务人员钻空子，给公司造成损失。

法律条文

《中华人民共和国合同法》

第四十九条 行为人没有代理权、超越代理权或者代理权终止后以被代理人名义订立合同，相对人有理由相信行为人有代理权的，该代理行为有效。

雇员授权虽取消，表见代理仍有效。
公司老板须注意，文件印章要管好。

劳动关系　不可小觑

吴德是一家公司的老总，一天董东从网上看到了吴德公司的招聘启事，就来到公司应聘。经过交谈，吴德把运输的活包给了董东，约定每月按绩效发放工资，但没签劳动合同。几个月后的一天，吴德的秘书急匆匆地找到吴德，告诉吴德，董东从装货的车上掉下来了，现在人在医院，吴德说先不用管。几个月后董东找到吴德，说是医院的费用还没结，吴德以当时说好的是把这个活承包给你，不认为董东是其公司的员工。董东却认为，承包只是口头上说说，并没有形成事实上的承包关系。而吴德则认为，口头上说说董东也同意了，而且发工资也是根据业绩发的，并没有固定工资。双方争执不下。这件事到底应该怎么解决呢，董东陷入了沉思……

以案说法

本案是一起劳动争议案件，根据我国劳动合同法等有关规定，可以认定董东和这家公司之间存在劳动关系，那么他身体所受伤害，可以认定为工伤，这表明合同当事人根据双方的真实意图及时订立合同，明确合同内容及双方的权利义务对双方都是有利的，这样在双方产生分歧时能有据可查，尽快定分止争，恢复正常的工作和生活秩序。

法律条文

《中华人民共和国劳动合同法》

第十条 建立劳动关系，应当订立书面劳动合同。

已建立劳动关系，未同时订立书面劳动合同的，应当自用工之日起一个月内订立书面劳动合同。

用人单位与劳动者在用工前订立劳动合同的，劳动关系自用工之日起建立。

未签合同上岗急，是否工伤生分歧。
双方关系需定性，依法依据消争议。

艰难的求职路

罗良才来到一家公司应聘技术岗位，在谈好工资、待遇之后，老板让罗良才去做体检，然后等公司的通知。几天之后罗良才没有收到公司的通知，就打电话给公司，公司告诉他，他有一项体检不合格，他是乙肝病毒携带者，按公司的规定不能录用。眼见煮熟的鸭子飞了，罗良才有些不甘心，他该怎么办呢？

以案说法

这是一起涉嫌就业歧视的案件。我国劳动法规定劳动者享有平等的就业权，除某些特殊行业对就业条件有特殊规定外，用人单位不得单独设定用人标准，我国就业促进法第三条和第三章，也作了更为详细具体的规定，但现实生活中仍有就业歧视现象存在。除了上述案例中罗良才因系乙肝病原体携带者遭遇就业歧视外，现实生活中还有性别歧视、年龄歧视、身材歧视、婚姻歧视、学历歧视等就业歧视，这都损害了就业者的合法权益，就业者遭遇上述情况时，可以向劳动保障部门投诉，也可以向人民法院起诉，以维护自己的就业权利。

法律条文

《中华人民共和国劳动法》

第三条 劳动者享有平等就业和选择职业的权利、取得劳动报酬的权利、休息休假的权利、获得劳动安全卫生保护的权利、接受职业技能培训的权利、享受社会保险和福利的权利、提请劳动争议处理的权利以及法律规定的其他劳动权利。

劳动者应当完成劳动任务，提高职业技能，执行劳动安全卫生规程，遵守劳动纪律和职业道德。

《中华人民共和国就业促进法》

第三十条 用人单位招用人员，不得以是传染病病原携带者为由拒绝录用。但是，经医学鉴定传染病病原携带者在治愈前或者排除传染嫌疑前，不得从事法律、行政法规和国务院卫生行政部门规定禁止从事的易使传染病扩散的工作。

公司招聘可体检，但莫侵犯就业权。
携带乙肝无差异，就业歧视当避免。

一仆二主　赔偿咋要

董宁从网上看到曲天闻公司（劳务派遣公司）的招聘启事，就来到该公司应聘。董宁和曲天闻签好合同后，曲天闻就把董宁派到了另一个公司工作。几年后的一天，董宁工作公司的老板李总找到董宁，告诉董宁领完这个月的薪水，下个月就不用来了，老板辞退了董宁，董宁不能接受，就向李总讨说法。李总说董宁是和劳务派遣公司签订的合同，要讨说法应该去找曲天闻，董宁就找到了曲天闻，结果曲天闻说董宁是给李总干的活，公司辞退董宁是李总公司的事，又让他找李总。面对两家公司的扯皮，董宁该怎么办？

以案说法

本案是一起劳务派遣合同纠纷。现在社会上采取劳务派遣方式用工的单位越来越多，这样可以节约用工成本，规避用工风险，便于管理。但是，劳动者如果不了解他们之间的关系，就有可能造成维权困难。本案中董宁被用工单位退回，他应当向他的用人单位也就是劳务派遣公司主张权利，由用人单位承担责任，如果用人单位无力赔偿的话，那么董宁将面临一定的风险。这个案例提醒广大的劳动者，特别是通过劳务派遣形式工作的劳动者，对于用人单位和用工单位的资质和信用等情况，要进行必要的了解，并且熟悉劳动合同有关的内容，以免遭受不必要的损失。

法律条文

《中华人民共和国劳动合同法实施条例》

第三十二条 劳务派遣单位违法解除或者终止被派遣劳动者的劳动合同的，依照劳动合同法第四十八条的规定执行。

《中华人民共和国劳动合同法》

第四十八条 用人单位违反本法规定解除或者终止劳动合同，劳动者要求继续履行劳动合同的，用人单位应当继续履行；劳动者不要求继续履行劳动合同或者劳动合同已经不能继续履行的，用人单位应当依照本法第八十七条规定支付赔偿金。

> 工作多年丢饭碗，索赔方知是派遣。
> 互踢皮球该咋办，一并追究两老板。

无奈的监护人

前几天姚上进在单位参加了一次选举，结果仅因一票之差落选，姚上进的心情十分不好。这天，姚上进一个人坐在公园的长凳上，正好朱杰打电话经过，和朋友开玩笑地说电话那头的朋友是个神经病，被姚上进听到认为朱杰骂他，他脆弱的神经终于崩溃了。愤怒的姚上进暴打了朱杰一顿，把朱杰打得住进了医院。几天后，朱杰找到了姚上进的家，向姚上进的妻子岳芳索要医药费、护理费等。姚上进的妻子说，姚上进在精神病院，是个精神病人，不负刑事责任，更不负赔偿责任。朱杰很气愤，难道仅仅因为对方是精神病，自己这顿打就白挨了吗？

以案说法

本案是一起监护人责任纠纷。监护人责任在我国侵权法律制度中，属于特殊主体责任，在归责原则上是适用无过错责任原则，也就是说被监护人造成他人损害的，即便监护人没有过错，也要承担责任，监护人尽到监护职责的，可以减轻监护人的责任。上述案例中，姚上进和岳芳是夫妻关系，基于这种特定的人身关系，当夫妻一方丧失行为能力时，夫妻之间的监护责任则自此产生，姚上进给他人造成损害，他的妻子应当承担民事责任。

法律条文

《中华人民共和国侵权责任法》

第三十二条 无民事行为能力人、限制民事行为能力人造成他人损害的，由监护人承担侵权责任。监护人尽到监护责任的，可以减轻其侵权责任。

有财产的无民事行为能力人、限制民事行为能力人造成他人损害的，从本人财产中支付赔偿费用。不足部分，由监护人赔偿。

丈夫罹患精神病，妻子监护责任生。
丈夫伤人妻子赔，若无过错可减轻。

倒霉的师徒

米丰收和师傅董满仓是干装修的，这天范明理从劳务市场把师徒俩雇来装修房子，师徒俩自称“装二代”，祖上专干这个的。范明理和他们谈好装修项目内容和价钱，并提请他们注意安全后就走了。米丰收因为恐高，董满仓就自己爬上梯子，结果董满仓从梯子上摔下来了，董满仓在医院花了两万多元。这天米丰收找到范明理，向范明理索要医药费，范明理认为董满仓是自己摔伤的，当时他也提醒了让他们注意安全，而且工钱也付了，董满仓的医药费不能找他要。米丰收一下子犯了难，他能帮师傅要回医药费吗？

以案说法

本案是一起提供劳务者受害责任纠纷案件，我国侵权责任法规定，个人之间形成劳务关系，提供劳务一方，因劳务使自己遭受损害的，根据双方各自的过错承担相应的责任。董满仓给范明理装修房子期间摔伤，尽管部分原因是因为其本人缺乏应有的安全防护意识，但是作为接受劳务者的范明理也应该承担相应的责任。通过本案提醒大家，当个人之间形成劳务关系时，劳务的提供者和接受者均应履行安全生产责任，尤其是接受劳务一方要为提供劳务者提供一个安全的工作环境和工作条件，否则提供劳务者一方遭受损害，接受劳务者一方将有可能承担相应的责任。

法律条文

《中华人民共和国侵权责任法》

第三十五条 个人之间形成劳务关系，提供劳务一方因劳务造成他人损害的，由接受劳务一方承担侵权责任。提供劳务一方因劳务自己受到损害的，根据双方各自的过错承担相应的责任。

落实责任抓安全，劳务双方莫敷衍。
否则一旦出事故，哪方责任哪方担。

我的工作何去何从

这天，张迪来到一家公司应聘行政主管的职位，应聘结束后在会议室等待结果，人事部经理过来通知张迪复试通过，但是由于原行政主管在进行工作交接，需要他先在家等一段时间，对于他的个人资料公司也全部留下了，等交接一结束公司会第一时间通知张迪。

然而，一个月过去了，该公司人事部经理通知面试成功的张迪不用来上班了，张迪接到电话后立即火冒三丈，来到公司理论。原来公司还相中了另外一名应聘者，而且觉得比张迪更好一些，由于这名应聘者能否来上班当时不能确定，于是等了一个月，如今这名应聘者到位了，也就不用张迪了。张迪提出公司对于人事安排出尔反尔并且诉说自己在家等待一个月的时间，公司应该给个说法。公司和张迪就没有上班是否造成损失意见不统一，张迪气愤地离开了公司。原本定好的工作就这么没了，张迪的好心情一下子跑得无影无踪。

以案说法

本案是一起缔约过失责任纠纷案。所谓缔约过失责任是指在合同订立过程中一方违背诚实信用原则，给另一方造成损失所应承担的责任。我国合同法第42条确立了缔约过失责任制度,如本来不想与对方订合同,却假装订合同,给对方造成损失;或故意隐瞒与合同有关的重要事实真相或者提供虚假情况,给对方造成损失的都属于缔约过失责任。上述案例中招聘单位经面试同意录用张迪,却有意拖延,后来又称岗位取消不予录用,这明显违背了诚实信用原则,因而招聘单位应当承担缔约过失责任,赔偿求职者。这个案例告诫人们诚实信用原则是从事民商事活动的帝王规则,它不仅贯穿于合同的履行,也贯穿于合同订立以前和合同履行后的附随事项,违背了这一原则就要承担责任。

法律条文

《中华人民共和国合同法》

第四十二条 当事人在订立合同过程中有下列情形之一,给对方造成损失的,应当承担损害赔偿责任:

(一)假借订立合同,恶意进行磋商;

(二)故意隐瞒与订立合同有关的重要事实或者提供虚假情况;

(三)有其他违背诚实信用原则的行为。

聘方招人不诚信,脚踩两船起纠纷。

应聘维权讨说法,缔约过失担责任。

凭什么辞退我

李元是范利公司的客户经理,在范利公司工作了很多年。这天,李元像往常一样找到合作商王总来签合同,没成想王总就合同约定的内容有异议,并且提出将合同约定给付25%返利改成20%,这样的合同李元怎么能签呢?双方为此发生争执,因言语不和起了冲突,最后合同也泡汤了。李元回到公司后,老板范总把李元叫到了办公室,范总因为合同谈崩把李元狠狠地批评了一顿,随后范总让李元回家反省,听候公司的处理。李元回家后没两天就收到了公司的解聘书,于是李元赶紧回到公司找到范总询问解聘书的情况,结果范总搬出一条关于公司解聘的条件和规定,说只要把公司业务合作谈崩的一律解聘。李元声称来到公司五年多从未见过此规定,让范总拿出这个规章制度给她看看,有则走之,如若没有此项规定,李元要求公司就解聘事宜给她个说法。结果范总直接将李元轰了出去,李元很生气,下决心一定要为自己讨个说法。

以案说法

本案是一起劳动争议。常言道,无规矩不成方圆,用人单位制定规章制度并要求员工严格执行是正确的,但是制定和执行规章制度要依法定程序进行。

我国劳动合同法第4条对用人单位制定修改规章制度的要求作了明确规定，比如需经职工代表大会讨论决议并提出方案和意见，与工会或者职工代表平等协商，以及公示或者告知劳动者等程序。如果违背这些法定程序，规章制度对员工就没有约束力，单位依据这样的规章制度解除劳动合同就属于违法，应当支付赔偿金。希望用人单位能从本案中获得一定的启示，以免遭受不应有的损失。

法律条文

《中华人民共和国劳动合同法》

第八十七条 用人单位违反本法规定解除或者终止劳动合同的，应当依照本法第四十七条规定的经济补偿标准的二倍向劳动者支付赔偿金。

规章制定和执行，效力风险需防控。
否则员工要索赔，遵法守序莫任性。

怀孕女工不能解聘

女工刘彩霞在一家汽车4S店工作，公司由于效益不好，决定减员增效，怀孕四个月的刘彩霞也在解聘名单里。刘彩霞找公司领导要求询问情况，公司经理却希望她能多理解公司的现状和决定，并表示愿意多发500元钱了事。无助的刘彩霞回家后把实情告诉了她丈夫，她丈夫认为公司的做法不妥当，但又说不出具体缘由来。把怀孕的员工无情地解聘，公司的做法对吗？

以案说法

近两年受诸多因素影响，有些单位因出现人员过剩现象而对员工进行分流、转产，甚至解除劳动合同，在此过程中，有的用人单位违反我国劳动合同法等有关法律法规，出现了损害职工合法权益的现象。比如，有的单位对员工实行无期限的所谓放假，放假期间不给予其相应的待遇，有的用人单位不顾职工的工作年限、健康状况，以及女职工孕期、产期、哺乳期应给予特殊保护的规定，实行“一刀切”，这些都是违法的。本案中用人单位即便出现生产经营严重困难，甚至破产重整等情况需要裁减人员，根据法律规定对于职业病患者、工伤人员、治疗期内的患病或者非因工受伤人员，以及在本单位连续工作满15年且据法定退休年龄不足5年的职工都是不能解除劳动合同的。希望用人单位和劳动者都要加强这方面的学习，避免出现侵犯劳动者合法权益的情况。

法律条文

《中华人民共和国劳动合同法》

第四十二条 劳动者有下列情形之一的，用人单位不得依照本法第四十条、第四十一条的规定解除劳动合同：

（一）从事接触职业病危害作业的劳动者未进行离岗前职业健康检查，或者疑似职业病病人在诊断或者医学观察期间的；

（二）在本单位患职业病或者因工负伤并被确认丧失或者部分丧失劳动能力的；

（三）患病或者非因工负伤，在规定的医疗期内的；

（四）女职工在孕期、产期、哺乳期的；

（五）在本单位连续工作满十五年，且距法定退休年龄不足五年的；

（六）法律、行政法规规定的其他情形。

用人单位若裁员，切莫想得太简单。
有些职工不能裁，要按法律规定办。

员工辞职　过错在谁

王杰在一家公司上班，公司经营不景气，只发1800元的生活费，并且还拖了好几个月，王杰生活过得非常拮据，无奈之下，王杰写了一份离职报告，交给老总王迪审批，王总要求王杰按照公司固有模式来写，并提供了模板，王杰也没考虑那么多，就按要求在模板上写明因自身原因主动离职，写完并捺上手印，然后结清工资回家了。回到家的王杰就把公司要求他写离职报告的事情告诉了媳妇，媳妇一听，反问，明明是公司效益不好，怎么就成了自身原因辞职了呢？就建议王杰回去讨个说法。王杰将信将疑地回到公司，希望公司给个说法，可结果还是谈崩了，他该怎么办呢？

以案说法

这是一起劳动争议纠纷，根据我国劳动合同法的相关规定，上述案例中，王杰自己书面提交了辞职报告，并且注明是自己个人原因离职，还放弃了所有权利。他就无法取得自己应得的经济赔偿。但如果不是真实意愿的情况下，就应该拿出相应的证据来证明，只要证据足够有利并被采纳，就可以拿到自己应得的赔偿。在这里特别想提醒劳动者，辞职一定要是自己真实的意愿表示，否则将很难维护自己的合法权益。

法律条文

《中华人民共和国劳动合同法》

第四十六条 有下列情形之一的,用人单位应当向劳动者支付经济补偿:

(一)劳动者依照本法第三十八条规定解除劳动合同的;

(二)用人单位依照本法第三十六条规定向劳动者提出解除劳动合同并与劳动者协商一致解除劳动合同的;

(三)用人单位依照本法第四十条规定解除劳动合同的;

(四)用人单位依照本法第四十一条第一款规定解除劳动合同的;

(五)除用人单位维持或者提高劳动合同约定条件续订劳动合同,劳动者不同意续订的情形外,依照本法第四十四条第一项规定终止固定期限劳动合同的;

(六)依照本法第四十四条第四项、第五项规定终止劳动合同的;

(七)法律、行政法规规定的其他情形。

效益不好待遇低,员工无奈离公司。
离职报告不慎重,维权路上遇难题。

没有工作的工资

王迪从小娇生惯养，平时生活中也比较懒散，沉迷于电脑追剧、玩游戏。后来好不容易应聘到一家网络公司，与公司签了三年合同。但因平时懒散惯了，经常迟到早退。在一次例会上，王迪戴着耳机痴迷玩着手机游戏，老总要求每个人就下一步公司的业务拓展发表看法，他未听到，继续玩游戏。当被老总发现后，盛怒之下，当众把小王开除，没有给小王办理任何辞退手续就让其离开了公司。小王被辞退回家，少了生活来源，家里日子很难过，后来媳妇提醒小王没解除劳动合同就应该还是公司员工，让他回公司讨说法。

以案说法

本案是一起劳动争议案。本来是王迪严重违反单位规章制度，单位与其解除劳动合同并没有错，可是由于用人单位没有按照法定程序及时办理解除劳动合同的手续，结果用人单位还要支付王迪工资或者基本生活费。在实践中我们还经常会遇到其他，如单位拆迁、效益不好等原因让员工直接回家而不了了之，后来因为没解除劳动合同而被员工索要工资的情况。通过这些案例，提醒用人单位和劳动者，如遇类似情况双方应该及时妥善的办理解除劳动合同的手续。因为只要劳动合同没有解除，那他还属于该单位员工，就应依法享受相应的待遇。

法律条文

《中华人民共和国劳动合同法》

第三十九条 劳动者有下列情形之一的，用人单位可以解除劳动合同：

（一）在试用期间被证明不符合录用条件的；

（二）严重违反用人单位的规章制度的；

（三）严重失职，营私舞弊，给用人单位造成重大损害的；

（四）劳动者同时与其他用人单位建立劳动关系，对完成本单位的工作任务造成严重影响，或者经用人单位提出，拒不改正的；

（五）因本法第二十六条第一款第一项规定的情形致使劳动合同无效的；

（六）被依法追究刑事责任的。

第五十条 用人单位应当在解除或者终止劳动合同时出具解除或者终止劳动合同的证明，并在十五日内为劳动者办理档案和社会保险关系转移手续。

劳动者应当按照双方约定，办理工作交接。用人单位依照本法有关规定应当向劳动者支付经济补偿的，在办结工作交接时支付。

用人单位对已经解除或者终止的劳动合同的文本，至少保存二年备查。

员工违规若除名，撵他回家还不行。

劳动合同既订立，依法解除才搞定。

三、损害侵权篇

公路上晒粮引发交通事故

今年薄旺家的粮食大丰收,但是没有晒粮的地方,无奈之下薄旺决定把粮食在公路上晾晒,晾晒的粮食占了大半个公路,本来宽广的公路变成了单行道。一天,董佳骑着电动车经过,为了躲避对面行驶过来的车,董佳只能把车骑到了薄旺家晒的粮食上,由于打滑董佳重重地摔倒在晾晒场上,疼得站不起来,后经医生诊断为骨折。伤愈后,董佳向薄旺索要赔偿,但薄旺认为这是董佳自己骑车不小心,和他无关,拒绝赔偿。这事真的和薄旺无关吗?

以案说法

每年夏秋收获季节,很多农民为图方便而在公路上晾晒玉米、小麦等。这种做法给道路交通安全带来了极大的隐患。我国法律明文规定不得在公共道路上堆放妨碍通行的物品,如果因晒粮而造成交通事故,晒粮的农户也要承担相应的责任。在此提醒广大农民朋友,不要贪图一时便利,而在公路上晒粮,造成交通事故也给自己带来法律上的责任。

法律条文

《中华人民共和国侵权责任法》

第八十九条 在公共道路上堆放、倾倒、遗撒妨碍通行的物品造成他人损害的,有关单位或者个人应当承担侵权责任。

《中华人民共和国道路交通安全法》

第三十一条 未经许可,任何单位和个人不得占用道路从事非交通活动。

路上晒粮属违法,妨碍交通祸患大。

一旦因此出事故,粮食不要都白瞎。

故意碰瓷　自食其果

王伟是一个“碰瓷专业户”，平时就靠碰瓷来赚取不义之财，每天的中午或晚上，他都会在丁字路口或十字路口转弯的地方寻找猎物。一般他都会选择车速比较慢、趁司机靠边倒车、掉头时机，故意摔倒在对方车下，然后谎称被撞伤，要求车主给予钱财作为赔偿。有一天，董波开着车正常行驶在路上，王伟就找机会假装被撞并且倒在了地上，董波急忙下车看伤者怎么样，只见王伟捂着腿喊疼，王伟说他要上医院，董波看看王伟的情况不是很严重，而且自己有很重要的会议要参加，就说给王伟 1000 元钱私了，王伟提出最少也要 2000 元。因为董波赶时间，给了王伟 2000 元就开车走了。后来，始料不及的事情发生了，王伟这次的碰瓷意外导致脑溢血，需要高额的治疗费用，于是王伟就把驾驶者董波和保险公司诉至法院，要求赔偿。王伟故意碰瓷造成的伤害董波应该赔偿吗？

以案说法

本案是一起典型的“碰瓷”致伤案件，那么根据我国道路交通安全法第 76 条和《机动车交通事故责任强制保险条例》第 21 条的规定，伤者的损失只能由他自己承担，机动车一方和保险公司是不应当承担赔偿责任的。现实生活中，有的人“碰瓷”，然后谎称受伤，从而骗取数额较大的财物，这种行为已经涉嫌诈骗罪。还有的人“碰瓷”之后强行索要所谓的赔偿，这种行为可能构成敲诈勒索罪。

法律条文

《中华人民共和国道路交通安全法》

第七十六条第四款 交通事故的损失是由非机动车驾驶人、行人故意碰撞机动车造成的，机动车一方不承担赔偿责任。

《机动车交通事故责任强制保险条例》

第二十一条第二款 道路交通事故的损失是由受害人故意造成的，保险公司不予赔偿。

碰瓷非骗即敲诈，重则判刑轻违法。
偷鸡不成蚀把米，死伤苦果自吞下。

转发微信　当心侵权

汪文流是个文学爱好者，平常爱在论坛上发表一些文章，他的文章受到很多读者的喜爱。一天，董西来到汪文流的办公室就要汪文流请客，汪文流问他为什么，董西说他的《图里看花》在微信公众平台上都有 20 万的点击量了，这是一件值得庆贺的事情，当然应该请客吃饭了。汪文流对此很疑惑，他仔细地看了董西所说的文章，发现真的是自己的文章，但却在自己不知情的情况下发表了。于是汪文流就给公众平台打电话问这是怎么回事，公众平台认为发表文章没有问题，汪文流却觉得这是侵权行为。汪文流要求公众平台马上把这篇文章撤下来，还要赔偿他的损失。几经交涉，对方的行为和爱答不理的态度让汪文流很气愤，他决定拿起法律武器维护自己的合法权益。

以案说法

据不完全统计，现在我国已经有五亿多的微信用户，因而由微信而引发的侵权案件数量在不断地增加，上述案件就是一个例证。没有经过作者同意就把他的作品发到微信公众平台上，因而侵犯了作者的著作权，需要承担相应的侵权责任，因此转发微信需要谨慎，特别对于涉嫌侵犯他人著作权和人身权益的微信，不要随意转发，以免因这一不经意的行为，而引起侵权纠纷。

法律条文

《中华人民共和国著作权法》

第四十八条第(一)项 有下列侵权行为的，应当根据情况，承担停止侵害、消除影响、赔礼道歉、赔偿损失等民事责任；同时损害公共利益的，可以由著作权行政管理部门责令停止侵权行为，没收违法所得，没收、销毁侵权复制品，并可处以罚款；情节严重的，著作权行政管理部门还可以没收主要用于制作侵权复制品的材料、工具、设备等；构成犯罪的，依法追究刑事责任：

(一)未经著作权人许可，复制、发行、表演、放映、广播、汇编、通过信息网络向公众传播其作品的，本法另有规定的除外。

《信息网络传播权保护条例》

第二条 权利人享有的信息网络传播权受著作权法和本条例保护。除法律、行政法规另有规定的外，任何组织或者个人将他人的作品、表演、录音录像制品通过信息网络向公众提供，应当取得权利人许可，并支付报酬。

使用微信须留神，随意转发要当心。

万一侵权惹官司，既赔钱财又丢人。

免费看车　丢了也赔偿

董海港是个游手好闲的人，找了个在医院停车场看车收费的工作。一天，王观正和老婆到医院去看朋友，想把电动车放在停车场，王观正一看是初中同学董海港在看车，经过一番攀谈，董海港就让王观正免费把车放在车棚。王观正走后不久，董海港出去取水，没有锁车棚的门就走了。趁董海港不在的时候，小偷把王观正的电动车偷走了。王观正两口子看完病人后，找了半天都没有找到自己的电动车。王观正的老婆让董海港赔，董海港认为我是给你们免费看的车，不能赔。而王观正夫妇认为不能就这么丢了车，非得讨个说法，总要有人为自己丢了的电动车负责。双方争执不下。

以案说法

上述案件中看车人董海港和寄车人王观正之间形成了保管合同关系，根据合同法的规定保管合同可以是有偿的，也可以是无偿的。只要保管人有重大过失，没有对保管物进行妥善保管，造成保管物损毁丢失的，保管人就应当承担赔偿责任。在这里提醒大家，在给他人保管物品的时候，即便是无偿的，也应当尽心尽力。如果因为自己的重大过失，导致他人物品损毁、丢失，那么也应当承担赔偿责任。

法律条文

《中华人民共和国合同法》

第三百七十四条　保管期间，因保管人保管不善造成保管物毁损、灭失的，保管人应当承担损害赔偿责任，但保管是无偿的，保管人证明自己没有重大过失的，不承担损害赔偿责任。

看管物品须留神，安全返还寄存人。
大意丢失保管物，免费也要担责任。

以牙还牙　伤人也担责

下雨后洗车店一般都很忙。一场大雨过后，刘萌和他的妻子来到洗车店洗车。排了好长时间，眼看着要轮到自己了，没想到一辆车突然插到了他前面。刘萌两口子很生气，怎么能够插队呢，于是刘萌下车跟插队的王师傅理论。刘萌跟王师傅各执一词，说着就动起手来，不料这位王师傅却犯了病，一下子就倒在地上了，表现出很痛苦的样子。刘萌夫妇害怕出事，赶紧拨打了急救电话，并一同把王师傅送到了医院。王师傅出院后找到刘萌两口子，要求他们赔偿所有的医药费，还要追究刘萌的刑事责任。刘萌夫妇觉得很委屈。明明对方有错在先，自己搭上医药费，还要负刑责，这是哪门子道理呢？

以案说法

这个案例中刘萌夫妇本来是占理的，却因为其采取了过激的行为，反而造成了对王师傅的伤害。现在不仅要赔偿王师傅的经济损失，还有可能因为故意伤害承担相应的刑事责任。通过这个案例是想告诫广大的市民，当自己的合法权益受到侵害时，应当选择适当的方式解决纠纷，通过合法的途径化解矛盾，而不能以暴制暴，以牙还牙，否则将有可能造成无法挽回的损失，到时悔之晚矣。

法律条文

《中华人民共和国民法通则》

第一百零六条第二款 公民、法人由于过错侵害国家的、集体的财产，侵害他人财产、人身的，应当承担民事责任。

第一百三十一条 受害人对于损害的发生也有过错的，可以减轻侵害人的民事责任。

《中华人民共和国刑法》

第二百三十四条 故意伤害他人身体的，处三年以下有期徒刑、拘役或者管制。

犯前款罪，致人重伤的，处三年以上十年以下有期徒刑；致人死亡或者以特别残忍手段致人重伤造成严重残疾的，处十年以上有期徒刑、无期徒刑或者死刑。本法另有规定的，依照规定。

插队打人都不对，两败俱伤都后悔。
公德法律均应守，过激冲动是“魔鬼”。

花盆从天而降　莫名惹上官司

王亮在网上看见一个叫关欣的要出租房子，于是联系关欣去看房子。看房后，关欣跟王亮签了租房合同，王亮交了租金。一年后租期届满王亮搬走了。过了几天，由于大风天气，以前王亮放在阳台上的花盆从楼上掉了下来，砸伤了路人。房主关欣以为没什么事，没想到却惹来了官司。

以案说法

本案是一起物件坠落损害责任纠纷。房主关欣在房屋租期届满后，由于没能对房屋阳台上的花盆采取安全措施，导致其坠落伤人，尽管伤人的花盆是原承租人的，但由于不能证明该项事实，根据侵权责任法第 85 条的规定，关欣应当承担赔偿责任。因承租人的退房，且去向不明，关欣承担责任后追偿也是很困难的。这个案子提醒我们，房子租出去以后也要加强管理，而不能只关心租金，租期届满后，除了注意水电外，也要尽快消除原承租人在房屋内外留下的安全隐患，以确保自身和他人的安全。

法律条文

《中华人民共和国侵权责任法》

第八十五条 建筑物、构筑物或者其他设施及其搁置物、悬挂物发生脱落、坠落造成他人损害，所有人、管理人或者使用人不能证明自己没有过错的，应当承担侵权责任。所有人、管理人或者使用人赔偿后，有其他责任人的，有权向其他责任人追偿。

出租闲置富余房，安全意识要增强。

物件坠落伤了人，责任推定你担当。

朋友聚会拼酒　不料喝出官司

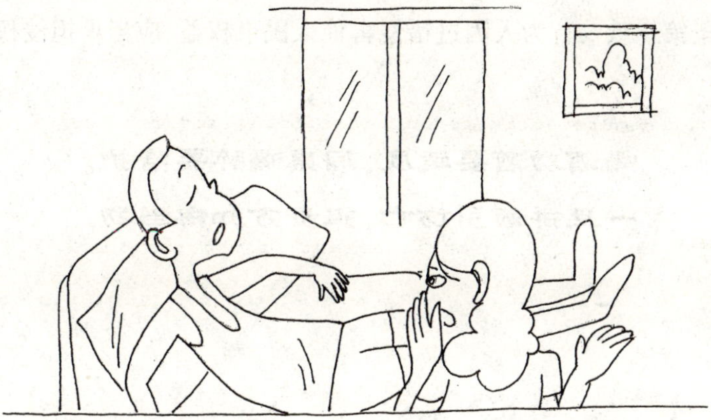

一天，刘名打电话给范童说好久不见了，顺便叫上小师妹一起聚聚。到了饭店，刘名和范童拼起酒来，刘名说自己能喝一公斤，范童说自己能喝一天，说着说着两个人越喝越多，喝到了晚上，小师妹在旁边劝阻，也没有劝住。聚会结束，范童回到家倒在沙发上要喝水，范童的老婆马女士特别生气，一边倒水一边告诫范童下次再喝多就不让他回家了。当把水端给范童时，看见他在沙发上一动不动，开始以为他睡着了，后来发觉不对劲，急忙就把范童送到医院。经过抢救，范童才脱离了危险。马女士觉得这件事跟范童一起喝酒的人也有责任，于是将和范童一起喝酒的人告上了法庭。

以案说法

现实生活中我们会见到或者听到因饮酒而造成人身伤亡的事件。如果这种结果完全是因为饮酒者自己的原因造成的，那么后果应该由伤亡者自负，但有时一起饮酒的人也要承担责任，常见的有以下四种情况：一是强迫性的劝酒，二是明知对方不能喝酒而劝酒，三是没有将醉酒者安全护送，四是酒后驾车没有劝阻，发生事故。尤其是在节假日期间，大家走亲访友频繁，喝酒的场合比较多，在此提醒大家越是这种时候，越要保持清醒，做到适量饮酒，文明饮酒。

法律条文

《中华人民共和国侵权责任法》

第六条第一款 行为人因过错侵害他人民事权益，应当承担侵权责任。

喝酒劝酒要适度，同桌喝醉要陪护。
一旦拼酒引伤亡，担责方知悔当初。

故意损害他人财物　招来大麻烦

隋园因为竞标工程没有成功，于是来找竞争对手叶逢春，隋园质问叶逢春为什么把他的工程搅黄了？叶逢春告诉隋园不是他的原因，是你没有资金、人力、机器，所以这个工程不能给你。隋园很生气，让叶逢春等着。第二天，隋园来到叶逢春工地的机器旁边，把叶逢春的机器砸坏后偷偷地跑了。过了几天叶逢春来找隋园，隋园装作什么也不知道的样子，叶逢春问隋园砸机器的事，隋园死活不承认，叶逢春很生气，随即报案。没过多久，警察把隋园带走了。

以案说法

这是一起损坏财物的刑事案件。本案中隋园为泄私愤，毁坏他人的机器，给受害人造成了较大的经济损失，隋园本以为这事做得天衣无缝，即便是被发现无非也就是赔偿对方点钱，没什么大不了的，殊不知他的行为已经触犯我国刑法第275条，涉嫌故意毁坏财物罪。这个罪是指出于泄愤报复的目的，故意毁灭或者损坏他人财物数额较大或者情节严重的行为，就数额而言造成损失5000元以上的就可以立案，这样隋园的行为后果绝非赔钱了事那样简单，他将面临牢狱之灾。这个案例警示我们，一定要理性地对待纠纷矛盾，甚至恩怨，解决问题要通过合法的途径。

法律条文

《中华人民共和国刑法》

第二百七十五条 故意毁坏公私财物，数额较大或者有其他严重情节的，处三年以下有期徒刑、拘役或者罚金；数额巨大或者有其他特别严重情节的，处三年以上七年以下有期徒刑。

毁坏财物泄私愤，结果进了监狱门。
岂非赔钱能了事，鲁莽冲动是祸根。

见义勇为受损失　该找谁赔偿

花向阳的妻子想换个手机。周末两人一起去商场买手机。回家路上，两个人忽然听到前面传来“抓小偷”的声音。花向阳看到一个人抢了一个小女孩的包。花向阳赶紧追了过去，跟其他群众一起抓住了那个人，把钱包还给了小姑娘。在追赶的过程中，花向阳把刚买的手机摔坏了，花向阳心想小姑娘是个学生，没好意思去索要赔偿。回到家后，妻子却越想心里越不舒服，执意想让花向阳找那个小姑娘赔偿，花向阳拿不定主意，他能去找被抢小女孩索要赔偿吗？

以案说法

本案涉及见义勇为者遭受损失如何解决的问题，见义勇为是指为保护国家、集体利益或者他人的人身、财产安全，不顾个人安危，与正在发生的违法犯罪作斗争或者抢险救灾的行为。本案中花先生舍己为人、勇斗歹徒,新买的手机因此被摔坏,花先生的损失应先由犯罪嫌疑人赔偿,犯罪嫌疑人无力赔偿时,被抢劫人作为见义勇为的受益人依法应给予花先生适当补偿。另外,关于各地对见义勇为人员的奖励和补偿也有相应规定。如根据《山东省见义勇为人员奖励和补偿保护条例》的规定,花先生还可以申请见义勇为的确认,一旦得到确认,花先生可以得到精神和物质上的奖励。

法律条文

《中华人民共和国侵权责任法》

第二十三条 因防止、制止他人民事权益被侵害而使自己受到损害的,由侵权人承担责任。侵权人逃逸或者无力承担责任,被侵权人请求补偿的,受益人应当给予适当补偿。

见义勇为人高尚,获得回报理应当。
不让英雄再流泪,慷慨壮举才弘扬。

排污影响鸭产量　即使达标也赔偿

徐德厚是一家化工厂的老板，这天秘书告诉徐德厚这个月公司的利润降低了。徐德厚问什么原因造成的，秘书说是环保设备的成本太高，徐德厚着急了，秘书建议徐德厚降低环保设备的投入，徐德厚认为环保很重要，没有同意。过了一阵，工厂附近养鸭场的老板李贵来找徐德厚，说因为徐德厚排污，导致他养的鸭产量大量减少，让徐德厚赔偿养鸭场的损失。徐德厚纳闷了，心想自己污水排放都达标了，完全符合国家规定的排放标准，李贵的损失和自己无关。因交涉无果，李贵就把徐德厚告到了法院，徐德厚应该赔偿吗？

以案说法

本案是一起环境侵权责任纠纷案。在环境侵权案件中污染者承担无过错责任，这是一种严格责任，只要环境污染造成了损害后果，即使没有过错污染者也要承担责任，近年来我国高度重视环境保护，加大了对环境保护的立法和执法的力度。2015年6月3日《最高人民法院关于审理环境侵权责任纠纷案件适用法律若干问题的解释》施行，这个司法解释进一步解决了审判实践中常见的环境污染责任规则，责任构成以及数人侵权责任划分等法律适用不统一的问题。通过这个案例也提醒排污企业一定要重视环境保护，否则将承担侵权责任。

法律条文

《最高人民法院关于审理环境侵权责任纠纷案件适用法律若干问题的解释》

第一条第一款 因污染环境造成损害，不论污染者有无过错，污染者应当承担侵权责任。污染者以排污符合国家或者地方污染物排放标准为由主张不承担责任的，人民法院不予支持。

排污影响鸭产量，即使达标也赔偿。
排污免责标准严，环保义务要担当。

轻信秘方 花钱买伤

董知书体弱多病很多年,他迷信中医,调理多年也未见效果。他妻子在微信朋友圈看到有个自称范神医的人兜售祖传秘方,声称专治疑难杂症,于是带着董知书去找这位范大夫。董知书向范大夫说了自己的症状,范大夫只简单地看了一下董知书的嘴,然后就给董知书开了一个疗程的膏药,并让董知书交了2000元钱。董知书满怀希望地回家了,但是过了几天,董知书的病非但没见好转,反而更加严重了,董知书和妻子就来找范大夫,让范大夫退钱。范大夫却认为不是他的药造成的,坚决不赔,两人僵持不下。

以案说法

医疗是一种专业性很强的行业,国家对从医人员和医疗机构都有严格要求,现实生活中却仍然有人在没有取得医疗资格,甚至不具备起码的医疗常识的情况下,就打着祖传秘方等旗号,号称专治某些疑难杂症,骗取钱财。这起案例告诫人们,有病一定要到正规医院去就诊,不要轻信非法行医者那些所谓的偏方秘方,同时警告那些利用所谓的偏方秘方骗取钱财的非法行医者赶快收手,否则会受到法律的制裁。

法律条文

《中华人民共和国执业医师法》

第三十九条 未经批准擅自开办医疗机构行医或者非医师行医的，由县级以上人民政府卫生行政部门予以取缔，没收其违法所得及其药品、器械，并处十万元以下的罚款；对医师吊销其执业证书；给患者造成损害的，依法承担赔偿责任；构成犯罪的，依法追究刑事责任。

谎称秘方治杂症，小病变大把人坑。
黑心骗钱真可恶，非法行医当严惩。

农村户口出事故　赔偿标准如何定

王萍驾车上班路上，在一个路口右转时不小心撞上了过马路的行人李阳，王萍赶紧下车，发现被撞的李阳已经昏迷不醒，就赶紧拨打120，把李阳送到了医院。李阳出院以后找王萍要赔偿。王萍给车辆购买了保险，所以就带李阳来到保险公司咨询赔偿问题。保险公司理赔员看了一下李阳的材料，认为李阳是农村户口而且没有居住证，所以李阳的相关赔偿应按照农村居民标准来赔偿。李阳却觉得自己在市里上班，已经居住了两年多，应该按城镇居民标准来赔偿。赔偿标准到底该如何定呢？由于双方对赔偿标准有争议，只好寻求法律来帮助解决。

以案说法

根据最高人民法院民一庭（2005）民他字第25号《关于经常居住地在城镇的农村居民因交通事故伤亡如何计算赔偿费用的复函》的相关规定，人身损害赔偿案件中残疾赔偿金的计算，应当根据案件实际情况结合受害人住所地、经常居住地等因素确定适用城镇居民人均可支配收入或者农村居民人均纯收入标准。本案中受害人虽然为农村户口，但在城市居住，其经常居住地和主要收入来源地均为城市，有关各种赔偿费用应该按照城镇居民的标准进行计算。

法律条文

《最高人民法院关于适用〈中华人民共和国民事诉讼法〉的解释》

第四条 公民的经常居住地是指公民离开住所地至起诉时已连续居住一年以上的地方，但公民住院就医的地方除外。

城里人和乡下人，不应高低贵贱分。
乡下人若住城里，赔偿平等不用问。

遗忘的戒指

王振兴出差回来,给妻子王红桃买了一个戒指作为礼物,妻子看到戒指很高兴,戴在手上左看右看非常喜欢。有一天两人闲来无事到小区附近公园散步,回去的时候把戒指遗忘在公园的长凳上。过了一会儿,小楚和姐姐来到了公园的长凳上休息,刚一坐下就发现长凳上有一个戒指,小楚看质量不错,就想把这个戒指当礼物送给女朋友,姐姐不同意,但小楚拿着戒指就跑了。王振兴和王红桃回家后发现戒指不见了,回原来的地方没找到,就到公园的值班室查看监控,发现是小楚拿走了戒指。两人马上找小楚要戒指,小楚却要赖地说他捡到的就是他的。夫妻俩没办法,一纸诉状将小楚告上了法庭。

以案说法

本案是一起涉嫌侵占犯罪的刑事案件。小楚捡到他人遗忘的贵重物品占为己有,失主上门讨要拒不返还,这已经不是简单的民事侵权,而是涉嫌侵占犯罪了，要承担刑事责任。现实生活中还有将他人委托代管的物品据为己有的，这也会构成侵占罪。这个案例警示我们，君子爱财、取之有道，贪图不劳而获终将得不偿失。

法律条文

《中华人民共和国刑法》

第二百七十条 将代为保管的他人财物非法占为己有，数额较大，拒不退还的，处二年以下有期徒刑、拘役或者罚金；数额巨大或者有其他严重情节的，处二年以上五年以下有期徒刑，并处罚金。

将他人的遗忘物或者埋藏物非法占为己有，数额较大，拒不交出的，依照前款的规定处罚。

本条罪，告诉的才处理。

捡到物品拒不还，情节严重是侵占。
为此犯罪真不值，昧心之财切莫贪。

李鬼遇到李逵

周宇经营水产生意,主营黄河口大闸蟹的养殖和销售,并注册了自己的公司和品牌。经过多年打拼,靠着诚实信用形成了良好的口碑,得到了所在区域广大群众的认可。周宇的好友婷婷发现周宇公司开网店了,就马上从周宇的网店买了一箱大闸蟹。可收到货后发现大闸蟹的重量严重缩水。婷婷就带着大闸蟹来到了周宇的办公室。周宇一看,这箱大闸蟹的包装像自己公司的,可联系电话却不是,一看就是假的。于是周宇按箱子上的电话打了过去,向对方订购了 200 箱大闸蟹,并预付一部分定金,约好见面详谈。周宇见李鬼后确定他有这包装的大闸蟹,交了部分定金,李鬼给周宇打了个收条。周宇拿到收条,告诉李鬼,自己就是这家公司的真正老板,李鬼的行为是在假冒品牌扰乱市场。听周宇这么一说,李鬼一下子惊呆了,望着愤怒的周宇,吓得他一句话也说不出来。

以案说法

本案是一起不正当竞争纠纷。李鬼所在的公司擅自使用他人企业名称和商品包装从事经营,其行为已违反反不正当竞争法的规定,应当承担民事责任和行政责任,情节严重构成犯罪的还有可能承担刑事责任。所谓反不正当竞争,是指经营者违反反不正当竞争法的规定,损害其他经营者的合法权益,扰乱社会秩序的行为。近年来我国出台了一系列的规定,加大了对不正当竞争行为的制裁力度,受到不正当竞争侵害的单位和个人,要充分利用这些法律武器,保护自己的合法权益不受侵犯。

法律条文

《中华人民共和国反不正当竞争法》

第五条 经营者不得采用下列不正当手段从事市场交易,损害竞争对手:

(一)假冒他人的注册商标;

(二)擅自使用知名商品特有的名称、包装、装潢,或者使用与知名商品近似的名称、包装、装潢,造成和他人的知名商品相混淆,使购买者误认为是该知名商品;

(三)擅自使用他人的企业名称或者姓名,引人误认为是他人的商品;

(四)在商品上伪造或者冒用认证标志、名优标志等质量标志,伪造产地,对商品质量作引人误解的虚假表示。

真假闸蟹各一箱,假的缺斤又少两。
竞争如此不正当,应予罚款加赔偿。

都是酒精惹的祸

钟铭因工作不顺利在家喝闷酒，妻子看了很生气，两口子为此吵了几句，钟铭一气之下摔门而出。生活中的各种不如意一起涌上心头，酒壮怂人胆，钟铭借着酒劲，不但把邻居家的大门给踹坏了，还对小区里的公共设施、停车场上的私家轿车大打出手。在他正要对着一个垃圾桶下手的时候，被过路的行人看到制止并报了警。警察赶到后把钟铭带走了，钟铭将会受到什么样的惩罚呢？

以案说法

本案是一起涉嫌寻衅滋事的案件。案例中的钟铭酒后惹是生非，扰乱社会秩序，造成了他人人身和财产损失。所谓寻衅滋事，就是平时所说的无事生非、没事找事，如随意殴打、追逐、拦截、辱骂、恐吓他人，强拿硬要或者任意损毁、占用公私财物，在公共场所起哄闹事等。寻衅滋事轻则受治安处罚，情节严重的将构成犯罪，追究刑事责任。我们都有烦恼、委屈、生气的时候，一定要理性对待，切不可采取这样的冲动和极端的方式，尤其是在血气方刚的青少年时期，绝不可以用这样的方式来排解，否则终将触犯法律，害人害己。

法律条文

《中华人民共和国刑法》

第二百九十三条第一款 有下列寻衅滋事行为之一，破坏社会秩序的，处五年以下有期徒刑、拘役或者管制：

（一）随意殴打他人，情节恶劣的；

（二）追逐、拦截、辱骂、恐吓他人，情节恶劣的；

（三）强拿硬要或者任意损毁、占用公私财物，情节严重的；

（四）在公共场所起哄闹事，造成公共场所秩序严重混乱的。

工作生活不如意，切莫酒后去滋事。

否则不但事无补，反而害人更害己。

被撕毁的信件

刘琪琪听说宋佳丽销售主管的职位被尹媚媚抢了去，就来找宋佳丽聊天，她们越聊越生气，宋佳丽想到上次和东建公司的业务也被尹媚媚抢走了，气呼呼地向其他同事发牢骚，并扬言要收拾尹媚媚。这天宋佳丽来值班室取文件，值班人员让她把尹媚媚的快件一同给捎回去，拿出快件一看正好是和东建公司签的合同，宋佳丽一生气就给撕了。合同没了，尹媚媚与东建公司的业务因此泡了汤，还受到了公司的处分。几天后，知道实情的尹媚媚便找到了宋佳丽，给她看被撕碎的快件，宋佳丽并不承认。尹媚媚一气之下，拨打了报警电话。

以案说法

本案是一起涉嫌侵犯公民通信自由的案件。通信自由是宪法赋予公民的权利，我国宪法第 40 条规定，中华人民共和国公民的通信自由和通信秘密受法律保护，除因国家安全或者追查刑事犯罪的需要，由公安机关或者检察机关依照法律规定的程序对通信进行检查外，任何组织和个人不得以任何理由侵犯公民的通信自由和通信秘密。本案中宋佳丽的行为涉嫌侵犯通信自由罪，根据刑法第252条的规定，隐匿、毁弃或者非法开拆他人信件，侵犯公民通信自由权利，情节严重的，处1年以下有期徒刑或者拘役。通过这个案例告诉大家，公民的通信自由不容侵犯，情节严重构成犯罪的就会受到刑事制裁。

法律条文

《中华人民共和国宪法》

第四十条 中华人民共和国公民的通信自由和通信秘密受法律的保护。除因国家安全或者追查刑事犯罪的需要，由公安机关或者检察机关依照法律规定的程序对通信进行检查外，任何组织或者个人不得以任何理由侵犯公民的通信自由和通信秘密。

《中华人民共和国刑法》

第二百五十二条 隐匿、毁弃或者非法开拆他人信件，侵犯公民通信自由权利，情节严重的，处一年以下有期徒刑或者拘役。

同事之间闹矛盾，莫毁信件泄私愤。
侵犯他人通信权，犯罪入狱悔终身。

闹心的饭局

李东东两口子经营一家饭馆，生意还算不错，夫妻两人商量着可以还供货商张发财的货款了，妻子把准备好的钱放在抽屉里就去忙了。中午忙完后正要走的时候，一个叫宋佳颖的顾客进来要吃饭，点了几个菜，李东东又回厨房忙了，李东东做完饭后，准备去还钱，却发现抽屉里的5000元钱不见了。夫妻俩怀疑宋佳颖偷了他们的钱，强行搜查她的身体并翻了她的包。宋佳颖对此十分恼火，为讨回公道，她决定报警。

以案说法

这是一起涉嫌侵犯人身自由的案件。我国宪法明文规定，人身自由不受侵犯，禁止非法搜查公民的身体。这起案件中的饭店老板夫妇在没有任何证据的情况下对宋佳颖进行搜身、搜包，侵犯了宋佳颖的人身自由权和人格尊严，如果情节严重即构成犯罪。宋佳颖可以通过法律来维护自己的合法权益，我国民法通则也规定，公民因为过错侵犯他人人身的应当承担民事责任，此外，治安管理处罚法和消费者权益保护法对此也都有明确的规定。通过这个案例告诉大家，公民的人身自由和人格尊严受法律保护，在遇到类似的遭遇时，一定要勇于抗争维权，用法律武器来维护自己的合法权利不受侵犯。

法律条文

《中华人民共和国宪法》

第三十七条 中华人民共和国公民的人身自由不受侵犯。

任何公民，非经人民检察院批准或者决定或者人民法院决定，并由公安机关执行，不受逮捕。

禁止非法拘禁和以其他方法非法剥夺或者限制公民的人身自由，禁止非法搜查公民的身体。

《中华人民共和国消费者权益保护法》

第二十七条 经营者不得对消费者进行侮辱、诽谤，不得搜查消费者的身体及其携带的物品，不得侵犯消费者的人身自由。

丢钱怀疑顾客偷，硬把顾客身体搜。

侵犯他人身自由，违法后果你承受。

不能不管的“闲事”

这天楚为民来到饭店吃饭，点了几个菜后就在那里玩手机等着上菜，这时来了个客人弭天坐在了楚为民的背面，偷偷地将手伸进了楚为民的衣兜里，拿出了楚为民的钱包。楚为民有所察觉，立刻意识到是弭天拿的，大喊让弭天交出钱包，并叫来了饭店老板，楚为民正打算报警，弭天一把夺过楚为民的手机，并威胁饭店老板不准报警，否则把饭店给砸了，饭店老板很害怕，没敢报警，眼睁睁地看着弭天扬长而去。楚为民对于饭店老板不帮助自己报警，也不协助制服小偷的做法很生气，认为饭店老板应为自己钱包被抢承担责任。

以案说法

本案是一起违反安全保障义务责任纠纷。相信很多人都有出入车站、商场、酒店、宾馆等公共场所和观看比赛、表演、展览，或者参加游园、庙会等群众活动的经历，根据法律规定，这些公共场所的管理人，或者群众性活动的组织者，对于前来参加活动者的人身和财产负有安全保障义务，包括三个方面：事先预防、事中消除和事后救助义务。不履行上述义务就要承担责任,责任的承担分为两种情况:一种是没有第三人介入的情况下,就由管理人和组织者直接承担责任;另一种是在有第三人介入的情况下,首先由第三人承担责任,管理人和组织者在第三人赔不上的范围内承担责任,承担责任后可以向第三人追偿。本案中,本案的经营者出于胆怯和明哲保身的心理,畏首畏尾,没有尽到安全保障义务,依法应当承担赔偿责任。这个案例告诫公共场所的管理人和群众性活动的组织者,对于顾客和参加者负有安全保障义务,要采取措施保障他们的人身和财产安全,否则要承担相应的责任。顾客和参加者如果因此遭受损害,可以依法维权。

法律条文

《中华人民共和国侵权责任法》

第三十七条 宾馆、商场、银行、车站、娱乐场所等公共场所的管理人或者群众性活动的组织者,未尽到安全保障义务,造成他人损害的,应当承担侵权责任。

因第三人的行为造成他人损害的,由第三人承担侵权责任;管理人或者组织者未尽到安全保障义务的,承担相应的补充责任。

公共场所聚人群,安全措施要跟进。

管理人与组织者,安全保障有责任。

被鞭炮炸伤谁赔偿

这天董东正要放炮仗,正好看见王有才和他上初中的儿子王好学,三人寒暄了一会儿,董东就去放炮仗了。王有才父子俩在边上看着,炮仗放完后,王好学看见有一个没响的,就拿出火机伸手去再次点燃,由于引线过短,他被炸伤。王好学被炸伤后,被迅速送到了医院,经过一段时间的治疗,痊愈了,但却花费了不少医疗费。王有才觉得这事因董东而起,于是就医疗费用的负担问题找董东协商,没料到董东不但拒绝协商更不予赔偿,王有才不甘心,决定寻求法律途径解决问题。

以案说法

本案是一起产品责任纠纷案件。尽管鞭炮的生产厂家和经销商都有生产和经营的相关手续,但是因为鞭炮存在不合理的危险,才造成本案后果的发生,因此他们仍然要承担一定的责任。根据我国侵权责任法第43条的规定,被侵权人可以向鞭炮的销售商索赔,也可以向生产者索赔。鞭炮的燃放者没有及时清理未燃放的鞭炮,造成安全隐患,也是一个因素,因而也应该承担相应的责任。当然伤者作为限制民事行为能力人,其自身和监护人也有一定的责任。需要说明的是,产品责任纠纷与产品质量纠纷是有区别的,产品责任纠纷属于侵权之诉,产品质量纠纷属于合同纠纷。鞭炮即便是符合法定的安全标准,不存在质量问题,但是如果存在不合理的危险,产品的生产者和销售者仍然有可能承担产品侵权责任。

法律条文

《中华人民共和国侵权责任法》

第四十三条第一款 因产品存在缺陷造成损害的,被侵权人可以向产品的生产者请求赔偿,也可以向产品的销售者请求赔偿。

发现鞭炮没炸响,二次燃放被炸伤。
部分责任在伤者,缺陷则在生产厂。

谁动了我的私房照

这天项菲菲来到一家影楼想拍摄一组写真。影楼的工作人员小刘热心地给项菲菲介绍了两款，项菲菲选了其中一款，就跟着小刘去办手续了。项菲菲当天就完成了写真的拍摄。过了一段时间后，项菲菲在办公室和同事聊天，同事说网上的这个人特别像项菲菲，项菲菲一看还真是自己拍摄的写真。项菲菲一气之下找到当初拍摄的那家影楼，让工作人员小刘给个说法。小刘说等他们老板回来，问问老板再给项菲菲回电话。几天过去了，不管项菲菲如何联系影楼，影楼一直没有给项菲菲一个说法，项菲菲一气之下，来到法院。

以案说法

本案是一起肖像权纠纷案件。这家影楼未经项菲菲许可，就把她的照片作为广告使用，该行为侵犯了项菲菲的肖像权。根据我国侵权责任法第 2 条的规定，影楼应该承担侵权民事责任。近年来，随着网络科技的迅猛发展，涉及肖像权的纠纷日益增多，这个案例提醒那些与肖像有关的单位和个人，要自觉地维护他人的肖像权，如需使用肖像，必须经本人许可，否则将有可能承担法律责任。

法律条文

《中华人民共和国侵权责任法》

第二条 侵害民事权益,应当依照本法承担侵权责任。

本法所称民事权益,包括生命权、健康权、姓名权、名誉权、荣誉权、肖像权、隐私权、婚姻自主权、监护权、所有权、用益物权、担保物权、著作权、专利权、商标专用权、发现权、股权、继承权等人身、财产权益。

为了自赏拍私照,不料照片到处跑。
影楼侵犯肖像权,承担责任逃不掉。

醉驾电动车 撞人出大事

到了周末，王有才叫上几个老乡出来聚聚。不过为了安全，专门叮嘱大家不要开车。到了饭店，大家聊着天，你一杯我一杯地喝着，不一会儿几个人就喝多了，酒足饭饱之后，几个老乡走出了饭店。喝醉的张钢也摇摇晃晃地骑上了电动车，大家劝他不要骑车，他觉得自己骑的是电动车，而且中午人少应该没什么事。可谁知还没开出去多远，就迎面走来一个女子，等张钢反应过来的时候，对方已经被撞倒在地。这一下可把张钢吓坏了，他赶忙上前询问情况，看看伤者受伤的程度是否严重？本来他以为出点医药费就能把事情给解决了，可谁知对方竟闻出他喝了酒，不仅需要赔偿还要告他醉酒驾驶。张钢这才开始觉得事态严重了，一时间不知如何是好。

以案说法

在2010年1月，我国已经开始实施电动摩托车和电动轻便摩托车的通用技术条件。根据这个标准，时速20公里以上，重量40公斤以上的电动车可以划入机动车范畴。所以说，电动车在满足一定条件下也可以认定为机动车。那么张钢驾驶的是否属于机动车要通过有关部门进行鉴定，一旦鉴定为机动车，而且张钢还是醉酒驾驶，就已经涉嫌危险驾驶罪，要承担刑事责任。即便通过鉴定，该车不属于机动车，那么张钢的此种行为已然违法。道路交通安全法实施条例第72条明文禁止醉酒驾驶电动车。在这里，提醒广大市民朋友，为了您和他人的安全，把“喝酒不开车、开车不喝酒”牢记于心。

法律条文

《中华人民共和国道路交通安全法实施条例》

第七十二条 在道路上驾驶自行车、三轮车、电动自行车、残疾人机动轮椅车应当遵守下列规定：

（一）驾驶自行车、三轮车必须年满12周岁；

（二）驾驶电动自行车和残疾人机动轮椅车必须年满16周岁；

（三）不得醉酒驾驶；

（四）转弯前应当减速慢行，伸手示意，不得突然猛拐，超越前车时不得妨碍被超越的车辆行驶；

（五）不得牵引、攀扶车辆或者被其他车辆牵引，不得双手离把或者手中持物；

（六）不得扶身并行、互相追逐或者曲折竞驶；

（七）不得在道路上骑独轮自行车或者2人以上骑行的自行车；

（八）非下肢残疾的人不得驾驶残疾人机动轮椅车；

（九）自行车、三轮车不得加装动力装置；

（十）不得在道路上学习驾驶非机动车。

亲友感情该表达，推杯换盏很融洽。

无论汽车电动车，酒后均莫把它驾。

学生在校受伤　学校是否担责

学生李大志在学校下课时间和同学们踢球,不小心摔倒了,疼得在地上起不来,老师把他送到医院后,经检查,李大志的腿骨折了并需要住院观察。李大志的父亲接到学校通知赶紧赶到医院,看到病床上的儿子,父亲很心疼。李大志的父亲心想,孩子是在学校受的伤,学校应该承担医药费,可是学校在孩子住院期间并没有承担医药费,李大志的父亲到学校交涉也无果,决定拿起法律武器维权。

以案说法

这是一起侵权责任法方面的案例。我国侵权责任法明确规定,无民事行为能力人和限制民事行为能力人在学校或者其他教育机构学习和生活期间受到人身损害,学校或者其他教育机构应当承担责任。我国民法通则规定,不满10周岁的公民是属于无民事行为能力人。10周岁以上不满18周岁的公民是属于限制民事行为能力人。18周岁以上的公民是属于完全民事行为能力人。无民事行为能力人和限制民事行为能力人在学校或者其他教育机构受伤，学校没有尽到教育和管理职责的应当承担责任。特别是对于无民事行为能力人受到人身损害时举证实行过错推定原则，也就是说，学校如果不能证明其尽到了管理和教育的职责，就应该承担学生在校期间相应的损害赔偿责任。在这里提醒公立和私立教育机构对于无民事行为能力人，特别是不满10周岁的小学生在校期间应当加强教育和管理，以免因为管理疏忽导致小学生受伤引发索赔。

法律条文

《中华人民共和国侵权责任法》

第三十八条 无民事行为能力人在幼儿园、学校或者其他教育机构学习、生活期间受到人身损害的，幼儿园、学校或者其他教育机构应当承担责任，但能够证明尽到教育、管理职责的，不承担责任。

孩子活泼又好动，老师看护莫放松。

万一在校受了伤，学校过错法推定。

噪声扰民惹人烦

曹多艺特别喜欢曲艺，每天早上都会练声。一天，正当他练得起劲的时候，门外响起了“咚咚咚”的敲门声，开门一看，原来是邻居艾劳动。艾劳动因为曹多艺练声把她吵醒了。原来艾劳动刚下夜班想回家好好睡个觉，没成想刚睡下就被吵醒了，一看时间才凌晨4:30，艾劳动找曹多艺理论，曹多艺竟说在自己家练声谁也管不着，还把艾劳动给轰了出去。曹多艺对邻居艾劳动的不满没放在心上，依旧我行我素。邻居们不堪其扰，将他告上了法庭。

以案说法

本案中曹多艺的此种行为不仅违背社会公德，也违反了有关法律规定。噪声会干扰人们的工作和生活，尤其对人的睡眠影响极大。我国环境噪声污染防治法第46条明文规定，使用家用电器、乐器或者进行其他家庭室内娱乐活动时，应当控制音量或者采取其他有效措施，避免对周围居民造成环境噪声污染。曹多艺的行为显然是违反了上述规定。邻居在劝阻无效的情况下可以要求环境保护行政主管部门查处，也可以直接向人民法院起诉，要求曹多艺承担停止侵害、赔偿损失等侵权责任。

法律条文

《中华人民共和国环境噪声污染防治法》

第四十六条 使用家用电器、乐器或者进行其他家庭室内娱乐活动时，应当控制音量或者采取其他有效措施，避免对周围居民造成环境噪声污染。

不分清早与深夜，练声惊扰四邻舍。
自娱自乐虽无过，噪声扰民也担责。

网上骂人要担责

郎爱新夫妻俩感情已经破裂多年，郎爱新在外面又找了个女朋友李诗诗，郎爱新的妻子徐凡知道后很是生气，于是将郎爱新和李诗诗的照片发到了网上并进行言语攻击，李诗诗也很生气，于是就找到徐凡进行理论，想给自己讨个说法，结果反倒被徐凡羞辱一番。李诗诗见跟徐凡理论不成，只能拿郎爱新撒气，让郎爱新回家抓紧离婚，郎爱新答应并回家质问徐凡，让徐凡删除网上的言论和图片，结果徐凡恼羞成怒，非但不删除图片和言论，还声称这婚绝不离。李诗诗因为网上的图片和言论对自己的工作和生活带来了极大的烦恼和困惑，为了维护自己的名誉权，她把徐凡告上了法庭。

以案说法

这是一起侵犯第三者名誉权、隐私权的案例。所谓第三者，俗称小三，是指法定婚姻之外的第三方情侣、配偶。充当第三者违背我国传统道德和社会公德，对他人的个人和家庭生活都有极大的危害，但是第三者的人格权还是受法律保护的。有的夫妻一方为了发泄仇恨，在网上指名道姓的骂另一方的第三者。更有甚者图文并茂，这非但没有维护自己的权益，反而还对第三者构成了侵权，即使说的是真的也照样构成侵权。第三者同样可以要求停止侵害、恢复名誉、消除影响、赔礼道歉、赔偿损失等。网络服务的提供者也要注意，因为我国侵权责任法第36条规定，网络用户、网络服务提供者利用网络侵害他人民事权益的，应当承担侵权责任。网络用户利用网络服务实施侵权行为的，被侵权人有权通知网络服务提供者采取删除、屏蔽、断开链接等必要措施。网络服务提供者接到通知后未及时采取必要措施的，对损害的扩大部分与该网络用户承担连带责任。网络服务提供者知道网络用户利用其网络服务侵害他人民事权益，未采取必要措施的，与该网络用户承担连带责任。

法律条文

《中华人民共和国侵权责任法》

第三十六条 网络用户、网络服务提供者利用网络侵害他人民事权益的，应当承担侵权责任。

网络用户利用网络服务实施侵权行为的，被侵权人有权通知网络服务提供者采取删除、屏蔽、断开链接等必要措施。网络服务提供者接到通知后未及时采取必要措施的，对损害的扩大部分与该网络用户承担连带责任。

网络服务提供者知道网络用户利用其网络服务侵害他人民事权益，未采取必要措施的，与该网络用户承担连带责任。

大夫出轨有过错，妻子处理应稳妥。
网上发帖骂小三，侵犯人格要担责。

我妨碍了谁

这天，郝迪到邻居张杰家里玩，正好碰上张杰家马桶又堵了，郝迪见张杰家马桶三天两头堵，于是给张杰出主意说可以引流建一个化粪池，这样马桶就不会再堵了。张杰听信了郝迪的建议，立马找来工人在自家和邻居家共同管理的绿化带里修建了一个化粪池，化粪池建好后家里的马桶果真再也不堵了。张杰正为此事在家得意呢，听到有人敲门，开门一看原来是邻居刘姐，刘姐正是为化粪池的事情而来。原来张杰修化粪池的事情没有提前和刘姐一家打招呼，而且就建在他们两家共同管理的绿化带里，这让刘姐一家大为恼火，所以要求张杰尽快将绿化带里的化粪池填平，张杰一听很不高兴，心想自己辛辛苦苦修建的化粪池哪能说填就填呢，于是不同意，还和刘姐因为言语不和发生了争执。刘姐临走时对张杰说如果不将化粪池填平就法庭相见。刘姐走后，张杰一直在考虑化粪池的事情，不确定自己修建化粪池是否真的影响了他人。

以案说法

本案是一起相邻关系纠纷。相邻关系是指两个或两个以上相互毗邻的不动产的所有人或使用人，在行使不动产的所有权或使用权时，因相邻关系各方应给予便利或接受限制而发生的权利义务关系，根据我国民法通则和物权法的相关规定，不动产的相邻各方应当按照有利生产、方便生活、团结互助、公平合理的关系，正确处理排水、通行等各方面的相邻关系。给相邻方造成妨碍和损失的，应当停止侵害，排除妨碍、赔偿损失。

法律条文

《中华人民共和国民法通则》

第八十三条 不动产的相邻各方，应当按照有利生产、方便生活、团结互助、公平合理的精神，正确处理截水、排水、通行、通风、采光等方面的相邻关系。给相邻方造成妨碍或者损失的，应当停止侵害，排除妨碍，赔偿损失。

我家无处建粪池，有权使用你家地。
你的地盘你做主，相邻义务却难弃。

亲兄弟也要明算账

有一天,严凯给他兄弟严辛打电话,想让严辛帮个忙。严凯到了严辛公司后就交给他一块和田玉,声称自己正在闹离婚,怕这宝贝落入媳妇之手,所以让严辛一定保管好,严辛也一再保证替哥哥保管好,严凯就放心地回家去了。这天,严凯回到家里想要跟妻子谈离婚的事情,谁知道严凯妻子竟一反常态,要跟严凯和好,并且态度十分诚恳,最后严凯也高兴地和媳妇重归于好了。第二天,严凯带着妻子来到弟弟严辛家,想叫上弟弟一起回父母家吃饭,让一家人高兴高兴,弟弟严辛听说哥嫂和好也很是开心,但当听到哥哥要回和田玉时,严辛可不愿意了,声称这玉是哥哥送给自己的,并且自己早已送了人,要不回来了。哥嫂一听严辛如此之说,也翻了脸,他们怎么也没想到自己的亲弟弟也会见钱眼开,而且如此不顾情面。思来想去,严凯只能用法律手段来解决自己的烦恼。

以案说法

本案再次应验了亲兄弟明算账这句老话,当然,这兄弟两人的做法也是不可取的。哥哥因怕和老婆离婚分走玉石,为了隐匿该玉石而让弟弟保管,可是弟弟后来却拒不返还,已经构成了不当得利。根据我国民法通则第 92 条之规定,哥哥有权要求返还或者赔偿损失。另外需要指出的是,如果以非法占有为目的,将他人的保管物或者遗忘物,非法占为己有,数额较大、拒不返还的,会触犯我国刑法第 270 条之规定,构成侵占罪,要承担刑事责任。这个案例告诫人们,君子爱财取之有道,如果见利忘义,将他人的保管物品占为己有,轻则承担民事责任,重则承担刑事责任,另外托管人也一定要通过协议等形式,将托人保管的真实意思通过证据固定下来,以备日后有据可查。

法律条文

《中华人民共和国民法通则》

第九十二条 没有合法根据,取得不当利益,造成他人损失的,应当将取得的不当利益返还受损失的人。

《中华人民共和国刑法》

第二百七十条第一款 将代为保管的他人财物非法占为己有,数额较大,拒不退还的,处二年以下有期徒刑、拘役或者罚金;数额巨大或者有其他严重情节的,处二年以上五年以下有期徒刑,并处罚金。

玉石交由弟保管,兄长要回犯了难。

托管应该留凭据,以便日后好判断。

他体质不好我也要担责吗

王杰先天体质虚弱,受伤或得病后恢复得都很慢。一天王杰出门,在小区里被一拐弯的轿车给撞了,如果是正常人可能受伤不是太严重,但对王杰而言却非同小可,这一撞让王杰受伤特别严重。车主赵梅也在第一时间报警并通知了保险公司,后来王杰出院后,就赔偿问题找到了赵梅。由于赵梅只投保了机动车交通事故第三者责任强制保险,面对王杰住院花费的几十万元,赵梅犯难了,两人多次交涉协商无果。王杰于是把赵梅给起诉了,赵梅认为自己有错不假,但是王杰是由于其自身体质才是花费那么高的原因所在,自己不应赔偿那么多。两人各执一词,互不相让,这事到底该怎么解决呢?

以案说法

在交通事故中,伤者的体质状况对肇事方的赔偿责任有无影响的问题,实践中司法部门曾有不同的做法,有考虑参与度的,也就是如果因为伤者自身体质的原因导致损失比正常人大,那么根据其体质因素的参与度,由伤者自己承担一部分,这对于伤者是不利的。根据我国侵权责任法的规定,确定赔偿责任的依据是事故各方在事故中责任的大小,也就是说过错程度,而伤者的体质因素并不是认定责任的依据，而且最高人民法院在2014年也曾公布过类似的典型案例。通过这个案例有两方面的启示：一是要购买保险，这是化解风险的有效途径。二是要守法出行、谨慎驾驶，以避免类似的悲剧再次发生。

法律条文

《中华人民共和国侵权责任法》

第二十六条 被侵权人对损害的发生也有过错的，可以减轻侵权人的责任。

事故之前体质弱，同样被撞花费多。
车主喊冤也得赔，划分责任看过错。

因吵架服毒　后果自己担

王刚和范娜是一对夫妻，日常生活还算融洽。一天两人因为生活琐事而发生争吵，最后越吵越凶，范娜情绪很激动，扬言不活了，王刚白了一眼范娜，表示其爱活不活，便摔门出去了。范娜看到王刚走了，伤心欲绝，回到卧室看到桌子上的安眠药，一时想不开的范娜服用大量安眠药后被家人发现。抢救过来的范娜神经严重受损，不能正常生活，范娜父母看到女儿受到如此伤害，便去找王刚理论，报警抓他，但警方不予刑事立案，又要求王刚他们全家承担赔偿和侵权责任，双方各执一词，发生争吵不欢而散。

以案说法

本案是一起生命权纠纷案件。案中夫妻间的争吵行为并不必然导致范娜人身生命和健康权利受到伤害，也并不必然导致范娜伤残的后果，所以王刚没有涉嫌刑事犯罪，因而不承担刑事责任。范娜伤残的后果首先是服毒导致的，她作为智力健全的人，明知自己服毒会导致死亡伤残的结果还故意而为之，因而只能自负后果。吵架是不可能必然导致服毒伤亡后果的，所以不存在因果关系。当然王刚是否承担责任还有几个问题要搞清楚，比如吵架的内容，两人之间有无救助义务以及是否有履行救助义务的条件等。如果王刚吵架带有人身攻击、侮辱、谩骂的内容，凭夫妻这样的身份关系有救助义务有条件履行而没有履行，那么要根据他过错程度承担适当的部分赔偿责任，否则就不承担责任。生活从来不是一帆风顺的，生活中挫折、磨难是我们成长的必修课，生命不仅仅属于我们个人，也是父母、孩子、家庭和社会的，我们不能对生命轻言放弃，在困难与挫折面前要坚强，没有过不去的坎儿。

法律条文

《中华人民共和国侵权责任法》

第二十六条 被侵权人对损害的发生也有过错的，可以减轻侵权人的责任。

第二十七条 损害是因受害人故意造成的，行为人不承担责任。

因为琐事寻短见，死伤后果自己担。
生命健康贵无价，无为抛弃太遗憾。

四、经营管理篇

为躲债务公司假转让

崔扬天经营的玻璃厂一直没有起色,员工白甘乐两年的工资和以前因工负伤的花费也没有报销,所以白甘乐经常去找崔扬天要钱,一天白甘乐又去找崔扬天要钱。崔扬天以公司周转困难为由没钱拒绝给付,但是崔扬天承诺月底给白甘乐解决,于是白甘乐就回家了。崔扬天觉得白甘乐胡搅蛮缠张口就要 50 万元,这让他很犯难,于是崔扬天跟妻子商量准备把公司转让给她的亲戚林峰。于是崔扬天夫妇找到林峰,跟林峰说了情况,约定把公司假转让给他,名义上是林峰的公司,实际上还是崔扬天的。为了能够帮助崔扬天两口子渡过难关,林峰同意了假转让的事情,并办理了转让手续。月底白甘乐来到公司要钱,没想到见到的不是崔扬天,林峰告诉白甘乐现在公司是他的了,以前的债务他不管,这让白甘乐很生气。白甘乐觉得自己是在公司受的伤,应该公司承担,可林峰就是不赔偿。他该怎么办?

以案说法

本案中这家公司新任法定代表人林峰的说法是错误的,这位员工的工资和医疗费用尽管是前任法定代表人崔扬天在任时所欠,但这是公司的债务。崔扬天所从事的是公司经营的行为。根据民法通则第43条的规定,该行为所产生的法律后果应当由公司来承担,崔扬天离任并不影响公司应承担的所欠员工工资和医疗费用的清偿责任。在实践中经常遇到以股权转让形式,变更股东和法定代表人的现象,即人们俗称的买卖公司。这件事情提醒股权交易双方,特别是股权的受让方,对于公司的资产负债应当做彻底、全面的了解。不仅要看会计凭证和实物,还要对公司的客户、银行或者执行人进行调查、走访,以免原股东遗漏或者隐瞒债务和资产风险。必要的时候可以要求原股东对没有披露的公司债务承担清偿责任,并要求原股东提供担保,以免受让的股权变成烫手的山芋。

法律条文

《中华人民共和国民法通则》

第三十六条 法人是具有民事权利能力和民事行为能力,依法独立享有民事权利和承担民事义务的组织。

法人的民事权利能力和民事行为能力,从法人成立时产生,到法人终止时消灭。

第四十三条 企业法人对它的法定代表人和其他工作人员的经营活动,承担民事责任。

受让股权当老板,公司旧债仍要还。

谨防资产藏水分,明察暗访避风险。

合伙无协议　分红起争议

武方和董强是发小，关系一直非常好，董强一直想自己创业，经过一番考察，决定搞养殖业，找武方来商量合伙。董强告诉武方他准备养甲鱼，一只甲鱼能挣20元，如果养1万只就能挣20万元，武方一听很心动，问怎么干这个活，董强说他看中了一块水面，只需要每个人交5万元，就能把养殖这件事做成了。武方出于对董强的信任，就给了董强5万元，武方觉得应该签个协议，董强觉得他们关系这么好，不需要签协议，如果赔了就算他的。时间过去了好几年，董强的甲鱼也卖了好几批，可武方一直没有收到董强的分红，武方去找董强要分红。董强说，养甲鱼需要钱，人工费、饲料费等，算下来也没有挣到钱，就没有分红了。董强态度蛮横，就是不给分红钱，武方遂将董强告上了法庭。

以案说法

本案是一起合伙协议纠纷。根据民法通则的规定，所谓个人合伙是指两人以上自然人按照协议，各自提供资金、实物、技术等合伙经营，共同劳动。由此可见协议是认定合伙是否存在的重要证据。可是本案中的这位当事人既没有书面的合伙协议，也没有投入和产出的明细、账目。到头来成了一笔糊涂账，原来的好朋友也翻了脸。而且从证据的角度讲，先别说这位当事人的官司是否能赢，连立案都很困难。尽管我国法律规定合同可以采取口头形式，但是就合伙而言，还是建议订立书面的协议，明确双方的权利义务，并且在合伙经营过程当中建立健全各项账目，以便产生纠纷时有据可查。

法律条文

《中华人民共和国民法通则》

第三十条 个人合伙是两人以上公民按照协议，各自提供资金、实物、技术等，合伙经营，共同劳动。

合伙莫忘签协议，先小人来后君子。
免得成了糊涂账，亲朋翻脸打官司。

家具抵债务　终究要归还

潘经略开了个公司，他看中了蔡景的写字楼，于是跟蔡景商量租金的事情，因为蔡景的写字楼地理位置好，交通方便，所以租金略高，经过协商，蔡景最后决定把写字楼里面的办公家具等都给潘经略用，于是双方签订了合同。由于经营不善，潘经略的公司破产了，生意伙伴刘先生也把他给告了。刘先生来到潘经略的公司谈还钱的事情。潘经略说他现在没有钱，以后有钱了一定还。刘先生不同意，表示可以用东西先抵。于是跟潘经略商量把家具都给他，潘经略答应了，于是刘先生和潘经略就上法院调解了。过了几天，蔡景知道潘经略公司破产了，还把家具给刘先生抵了债，蔡景去找潘经略，却再也没有找到。

以案说法

本案是一起第三人撤销之诉案件。所谓第三人撤销之诉，简单地说是指在法定情形下案外的第三人申请撤销他人之间已经形成的生效错误的判决、裁定和调解书的一种行为，以维护自己的民事权益。案中的潘经略擅自把蔡景的家具用来抵欠刘先生的债务，属无权处分，即使法院对此出具了调解书予以确认，蔡景仍然可行使第三人撤销之诉，从而维护自己的合法权益。近年来，有些人为了谋取非法利益而虚构事实，恶意诉讼，骗取法院的裁判文书，通过第三人撤销之诉可以撤销他人通过诉讼形式所形成的错误的判决、裁定和调解书，从而实现权利的救济。

法律条文

《中华人民共和国民事诉讼法》

第五十六条 对当事人双方的诉讼标的，第三人认为有独立请求权的，有权提起诉讼。

对当事人双方的诉讼标的，第三人虽然没有独立请求权，但案件处理结果同他有法律上的利害关系的，可以申请参加诉讼，或者由人民法院通知他参加诉讼。人民法院判决承担民事责任的第三人，有当事人的诉讼权利义务。

前两款规定的第三人，因不能归责于本人的事由未参加诉讼，但有证据证明发生法律效力的判决、裁定、调解书的部分或者全部内容错误，损害其民事权益的，可以自知道或者应当知道其民事权益受到损害之日起六个月内，向作出该判决、裁定、调解书的人民法院提起诉讼。人民法院经审理，诉讼请求成立的，应当改变或者撤销原判决、裁定、调解书；诉讼请求不成立的，驳回诉讼请求。

恶意诉讼骗法院，救济渠道已拓宽。

第三人可诉撤销，六个月内别超限。

顶名当股东　惹来打官司

侯靖和范长缨是朋友,侯靖要开一家新公司,需要范长缨的帮忙,侯靖跟范长缨说新公司是三个朋友一起开的,因为自己以前有一家公司,怕公司股东吃醋,所以让范长缨顶替他当股东,侯靖承诺出资 50 万元,每个月给范长缨 2000 元,不用范长缨干活,范长缨觉得天上掉馅饼,捡了个大便宜,于是很爽快就答应了。半年后,突然一个叫小马的给范长缨打电话,小马说范长缨的公司破产了,不过该公司欠小马的钱,小马要求范长缨还钱,范长缨说他不是真正的股东,不应当承担责任,后来范长缨才知道侯靖当时实际只出资了 30 万元,没过几天范长缨就收到了法院的传票。

以案说法

上述案例的规范名称为公司人格否认案件,范长缨碍于情面,同时也为了蝇头小利,而为别人顶名,做了名义股东,在公司倒闭后,惹上了官司。根据最高人民法院关于公司法的有关司法解释,范长缨很有可能被判承担责任。这个案例告诉我们,当公司的股东是有风险的,特别是在出资不到位,或者抽逃出资等情况下，如果公司欠债，公司的债权人可以直接要求股东承担补充责任，这里的股东当然是指登记在册的股东，所以股东有风险，做名义股东须谨慎。

法律条文

《最高人民法院关于适用〈中华人民共和国公司法〉若干问题的规定(三)》

第二十六条 公司债权人以登记于公司登记机关的股东未履行出资义务为由，请求其对公司债务不能清偿的部分在未出资本息范围内承担补充赔偿责任，股东以其仅为名义股东而非实际出资人为由进行抗辩的，人民法院不予支持。

名义股东根据前款规定承担赔偿责任后，向实际出资人追偿的，人民法院应予支持。

名义股东别风光，出资缺位须赔偿。

公司一旦出问题，你就成了替罪羊。

大股东损害利益　小股东也能维权

霍海跟林森是好朋友,也是生意上的伙伴。一天霍海找林森供货,想林森给他们的价格能优惠一下,林森很爽快地说可以低于市场价 20%,霍海很感谢林森,林森说上次买房还多亏了你呢,两人很愉快地达成了协议。有一天公司的小股东于瑞知道了林森低价卖货给霍海的事情,就去找监事蔡亮,蔡亮说不知道此事,于瑞要求蔡亮找林森说说不能这样做,蔡亮答应了于瑞,不过蔡亮却没有管这个事情。于瑞很生气,认为林森私自降价卖货就是损害了公司小股东的利益,他应当如何维权呢?

以案说法

本案是一起损害公司利益责任纠纷案。它是指小股东发现大股东滥用权利或者董事、监事、高管(也就是我们俗称的董监高)违反法定义务损害公司利益的时候,有权根据公司法第 151 条的规定以自己的名义直接向法院起诉,这种诉讼也叫股东代表诉讼或者股东派生诉讼。这是公司法为保护股东特别是中小股东的利益而作出的规定，对于公司没有控制权的中小股东遇有类似情况时，可以依此进行维权，以保护公司和自己的合法权益不受损害。

法律条文

《中华人民共和国公司法》

第一百五十一条 董事、高级管理人员有本法第一百五十条规定的情形的，有限责任公司的股东、股份有限公司连续一百八十日以上单独或者合计持有公司百分之一以上股份的股东，可以书面请求监事会或者不设监事会的有限责任公司的监事向人民法院提起诉讼；监事有本法第一百五十条规定的情形的，前述股东可以书面请求董事会或者不设董事会的有限责任公司的执行董事向人民法院提起诉讼。

监事会、不设监事会的有限责任公司的监事，或者董事会、执行董事收到前款规定的股东书面请求后拒绝提起诉讼，或者自收到请求之日起三十日内未提起诉讼，或者情况紧急、不立即提起诉讼将会使公司利益受到难以弥补的损害的，前款规定的股东有权为了公司的利益以自己的名义直接向人民法院提起诉讼。

他人侵犯公司合法权益，给公司造成损失的，本条第一款规定的股东可以依照前两款的规定向人民法院提起诉讼。

董监高侵公司权，中小股东把身翻。
代表诉讼当武器，滥权逃责乃枉然。

公司倒闭不清算　股东因此把责担

董波和张涛是无忧公司的股东，无忧公司先后向范乐借款 100 万元，后来无忧公司破产，公司领导决定关门，不再理会所欠债务。面对讨债的范乐，公司股东董波和张涛你推我我推你，不管公司的事情，凭范乐在商场打拼多年的经验，他认为公司不应该走到今天这个田地，他怀疑是股东们把公司的钱侵吞了，他要求股东们承担责任，可股东们认为，投资赔了也就拉倒了，他们只承担有限责任，范乐要求公司进行清算，股东们说账簿都没了，无法清算。面对无忧公司股东们的互相扯皮推诿，范乐该怎么办？

以案说法

本案是一起股东损害公司债权人利益的责任纠纷。这家公司的股东因为在公司吊销营业执照后，没有依法履行对公司的清算义务，在债权人要求对公司进行清算的时候，又不能提供公司的账册、财务会计凭证等清算资料，导致公司无法进行清算，根据我国公司法和最高人民法院的有关司法解释，股东应对公司债务承担赔偿责任，甚至是连带清偿责任。

法律条文

《最高人民法院关于适用〈中华人民共和国公司法〉若干问题的规定(二)》

第十八条 有限责任公司的股东、股份有限公司的董事和控股股东未在法定期限内成立清算组开始清算,导致公司财产贬值、流失、毁损或者灭失,债权人主张其在造成损失范围内对公司债务承担赔偿责任的,人民法院应依法予以支持。

有限责任公司的股东、股份有限公司的董事和控股股东因怠于履行义务,导致公司主要财产、账册、重要文件等灭失,无法进行清算,债权人主张其对公司债务承担连带清偿责任的,人民法院应依法予以支持。

公司倒闭不清算,股东因此把责担。
善始善终是义务,诚信担当才长远。

债权转让不悔棋　办理之前须三思

岳怡茌是一家公司的老板，这天夏禄来到公司找岳怡茌商量合作的事。夏禄告诉岳怡茌，因为本地轮胎企业很繁荣，做橡胶生意肯定赚钱。岳怡茌一时手头上没那么多可周转的资金，于是想用翟铸欠她的钱做合作的启动资金，夏禄也觉得可行于是就同意了，两人签订了债权转让协议并通知了翟铸。一段时间后，夏禄找到岳怡茌，告诉岳怡茌合作的事黄了，岳怡茌很生气，便去找翟铸把债权转回来，但是翟铸不同意。岳怡茌这才意识到问题的严重性，合作不成，难道翟铸欠自己的钱也要泡汤吗？

以案说法

本案涉及债权转让的效力以及撤销的问题，合同法第 79 条和第 80 条对债权转让作了规定，根据这些规定，债权转让不需要经过债务人同意，但是必须通知债务人，不经过通知债权转让不生效，可是债权转让的通知一旦到达债务人，债权人就不再享有该债权，除非经过受让人同意，才能撤销债权转让的通知，所以上述案例中岳女士在合作失败后重新想要回翟铸所欠其的债务，必须经过夏先生同意。还有一点需要注意的是，债权转让是债权人对自己权利的处分，不管受让人是否支付相应的对价，都不影响债权转让的效力。还要提醒债权的受让人注意两点：一是债权的真实合法性，受让该债权是否存在风险；二是一定要确定债权人已经通知到了债务人，以免因通知没有到达债务人而影响债权转让的效力，从而给自己造成不必要的损失。

法律条文

《中华人民共和国合同法》

第七十九条 债权人可以将合同的权利全部或者部分转让给第三人，但有下列情形之一的除外：

（一）根据合同性质不得转让；

（二）按照当事人约定不得转让；

（三）依照法律规定不得转让。

第八十条 债权人转让权利的，应当通知债务人。未经通知，该转让对债务人不发生效力。

债权人转让权利的通知不得撤销，但经受让人同意的除外。

债权转让不悔棋，办理之前须三思。
受让债权应确认，债务人已接通知。

小股东的维权之路

陈山川是一家公司的小股东，这天开完董事会的陈山川气冲冲的回到家中，原来是公司的生产线被卖了，拔尖人才也都走了，陈山川就想退股。第二天陈山川来到公司，找到公司老总李自成，问为什么把公司的生产线给卖了，李自成说这是股东会的决议，陈山川就提出退股，李自成让陈山川再等等，几经商谈均未达成协议，公司每况愈下，又不同意陈山川退股，陈山川希望能得到法律的帮助。

以案说法

这是一起请求公司收购股份纠纷案件。我国公司法第 74 条中规定，股份收购请求权是公司法为了保护中小股东合法权益而作出的规定，当公司股东会基于资本多数表决，就有关公司的重大事项作出决议时，持反对意见的少数股东有权要求公司以公平价格购买其持有股份的权利。上述重大事项包括：公司连续 5 年盈利，符合分配利润条件但不分配利润；公司合并、分立，出现公司解散事由但决议存续；以及像本案转移主要财产等。当中小股东认为自己的权益受损时，有权提起诉讼，但是公司法同时规定，股东要从股东会的决议通过之日起60日内与公司达成股权收购协议，不能达成协议的，股东可以自股东会的决议通过之日起90日内，向人民法院提起诉讼。注意不要超过诉讼的期限。

法律条文

《中华人民共和国公司法》

第七十四条 有下列情形之一的，对股东会该项决议投反对票的股东可以请求公司按照合理的价格收购其股权：

（一）公司连续五年不向股东分配利润，而公司该五年连续盈利，并且符合本法规定的分配利润条件的；

（二）公司合并、分立、转让主要财产的；

（三）公司章程规定的营业期限届满或者章程规定的其他解散事由出现，股东会会议通过决议修改章程使公司存续的。

自股东会会议决议通过之日起六十日内，股东与公司不能达成股权收购协议的，股东可以自股东会会议决议通过之日起九十日内向人民法院提起诉讼。

分红分合与解散，大股东别手遮天。
小股东若不同意，可让公司买股权。

被罢免的总经理

张国华、董为民和项心成立了一家公司，张国华是这家公司的大股东并担任总经理，公司的重大决策、重大项目都由张国华说了算。一段时间后，董为民和项心在办公室聊起了张国华，董为民去公司看账，张国华推三阻四，张国华还把公司工程采购部经理换成了自己的小舅子，报价也高了很多，董为民和项心一商量就决定要罢免张国华。经过紧锣密鼓的准备，两人提议召开了股东会。在会上董为民、项心历数了张国华的种种不是，并列举了其独断专行、损公肥私的例子，最后提出罢免张国华的总经理职务。张国华很不服气，指责董、项两人公报私仇，丝毫没有让步的意思。双方各执一词，大吵一场，最后弄了个不欢而散。

以案说法

本案是一起股东会决议撤销案件，案中的张国华是公司的最大股东，且担任公司的总经理，但是其他股东享有按照其他法律法规和公司章程规定的程序，召集股东会议并作出决议，罢免其总经理职务的权利，当然决议也只有程序和内容均合法公正才具有法律效力，张国华如果认为该决议违反法律法规和公司章程规定，有权申请人民法院予以撤销，法院会审查下面几项内容：会议召集程序、表决方式是否违反法律、行政法规和公司规章或者决议内容是否违反公司章程等。另外，还要注意时间上的限制，撤销权应当自决议作出之日起 60 日内行使，超过这个期限撤销权将不再受保护。

法律条文

《中华人民共和国公司法》

第二十二条　公司股东会或者股东大会、董事会的决议内容违反法律、行政法规的无效。

股东会或者股东大会、董事会的会议召集程序、表决方式违反法律、行政法规或者公司章程，或者决议内容违反公司章程的，股东可以自决议作出之日起六十日内，请求人民法院撤销。

股东依照前款规定提起诉讼的，人民法院可以应公司的请求，要求股东提供相应担保。

公司根据股东会或者股东大会、董事会决议已办理变更登记的，人民法院宣告该决议无效或者撤销该决议后，公司应当向公司登记机关申请撤销变更登记。

公司违规之高管，股东会议可罢免。

决议不超六十日，高管享有撤销权。

一分都不能少

郭浩天是自己干装修的。这天董东方把郭浩天叫到自己的办公室，让郭浩天装修一下他们公司的二楼，经过预算，郭浩天预估装修款要十二三万元，董东方先给付了2万元的装修定金。郭浩天觉得预付太少，董东方说自己公司注册资本200万元，是个大公司，等装修完再付剩余的装修款。装修完成两个月，董东方都没有给郭浩天尾款，郭浩天几番催促董东方无果，无奈之下郭浩天找到董东方的其他合伙人，希望要回装修款。合伙人说欠条是董东方打的，应该跟董东方要钱，而且公司的注册资本都是认缴额，实际并没有那么多。

以案说法

本案是一起股东损害公司债权人利益责任纠纷案件。我国于2014年对工商登记制度进行了一项重大改革，就是将注册资本实缴登记制改为认缴登记制，此后股东可以零首付，先开公司后出资，将出资金额、期限等在章程中规定好了就可以办照经营了，但是并没有改变公司股东按照以其认缴的出资额承担责任的规定，股东仍然要承担出资瑕疵担保责任。根据我国公司法第3条的规定，有限责任公司股东以其认缴的出资额为限，对公司债务承担责任，那么如果公司不能清偿到期债务，而公司股东又没有按照规定认缴出资的话，就应当在认缴出资的限额内对公司债务承担清偿责任，公司的债权人如果遇到这种情况，可以通过法律方式来维护自己的合法权益。

法律条文

《中华人民共和国公司法》

第三条 公司是企业法人，有独立的法人财产，享有法人财产权。公司以其全部财产对公司的债务承担责任。

有限责任公司的股东以其认缴的出资额为限对公司承担责任；股份有限公司的股东以其认购的股份为限对公司承担责任。

注册资本可认缴，股东责任并没少。
公司欠债还不上，认缴限额责难逃。

这个红利该咋分

樊利华、王月月和董阳阳是同学,樊利华出资50万元,王月月出资30万元,董阳阳出资20万元,成立公司,并约定分红的时候按出资比例分。公司成立了,三个人坐在办公室聊天,樊利华说手头有点紧,先出资20万元,剩下的30万元尽快补齐。年底了要分红了,公司赚了200万元,樊利华说他分100万元,董阳阳和王月月不同意,他俩说樊利华实际出资只有20万元,不能按认缴比例分红,三人不能达成一致意见,各说各的理。那么,这赚了的钱该怎么分才合适呢?

以案说法

这是一起公司盈余分配纠纷案。尽管三位股东在公司章程中对公司盈余分配有按出资比例分配的约定,但是樊利华实缴的出资比认缴的出资少,根据公司法第34条的规定,他应当按照实缴的出资比例分取红利。这个案例提醒有类似情况的公司股东,特别是不掌握公司控制权的中小股东,在公司盈余分配权遭受损害时,可以通过法律途径来维护自己的合法权益。

法律条文

《中华人民共和国公司法》

第三十四条 股东按照实缴的出资比例分取红利;公司新增资本时,股东有权优先按照实缴的出资比例认缴出资。但是,全体股东约定不按照出资比例分取红利或者不按照出资比例优先认缴出资的除外。

好不容易赚了钱,咋分股东犯了难。

实缴出资是依据,认缴比例不能算。

合伙旧债要担责

董春华和范秋实是多年的朋友，董春华想到范秋实的企业入伙，几天后范秋实和公司的另一合伙人李硕果找来了董春华，商量入伙的事宜，双方谈妥之后就签了字，董春华正式成为公司的合伙人。这天范秋实和李硕果正好出差，一个债权人找上了门，让董春华还款，董春华表示这是他入伙前的债务，他不知情也不能还，但债务人认为董春华是公司的合伙人就有义务还款，不依不饶。董春华很不理解，钱还没挣着，就背上了债，自己岂不成了冤大头？

以案说法

这是一起入伙纠纷。董春华入伙朋友的合伙企业，债权人找上门索要他入伙前合伙企业承担的债务，根据合伙企业法第44条规定，新入伙人与原合伙人享有同等权利，承担同等责任，入伙协议另有约定的从其约定。入伙的新合伙人对入伙前合伙企业的债务承担无限连带责任。所以本案中，债权人是有权向董春华索要债务的，同时董春华也可以在清偿债权人债务后，向其他合伙人追偿。通过这个案例告诉大家，入伙前一定要详细调查企业的财务状况，因为对于入伙前企业负担的债务，除有特别约定，新入伙人也是要承担无限连带责任的。

法律条文

《中华人民共和国合伙企业法》

第四十四条 入伙的新合伙人与原合伙人享有同等权利，承担同等责任。入伙协议另有约定的，从其约定。

新合伙人对入伙前合伙企业的债务承担无限连带责任。

半路加入别人伙，合伙旧债要透彻。

偿还责任是连带，权衡利弊别搞错。

退不掉的干系

高格和范有余合伙成立了一家公司，因经营不善，高格决定退伙，高格和范有余商量签订了退伙协议，约定合伙企业归范有余所有，公司债务都由范有余承担，就这样高格退伙了。一段时间后，公司的债权人找到范有余催要货款，范有余让他去找高格，公司债权人找到高格后，高格说他已经退伙了，退伙协议约定公司债务由范有余承担，高格和债权人交涉不成，争执不休。

以案说法

这是一起退伙纠纷。高格与朋友范有余一起开办合伙企业，由于经营不善，高格与范有余协商退伙，企业全归范有余所有，债务全由范有余负担，但是根据合伙企业法第53条的规定，退伙人对基于其退伙前的原因发生的合伙企业债务，承担无限连带责任。因此，高格与范有余的约定是内部约定，不能对抗债权人，所以债权人是有权要求高格承担无限连带责任的，但是高格可以在向债权人清偿后向其他合伙人追偿。通过这个案例告诉大家，设立合伙企业应当谨慎，对于合伙期间的企业债务负担，即使退伙，也是要承担无限连带责任的。

法律条文

《中华人民共和国合伙企业法》

第五十三条 退伙人对基于其退伙前的原因发生的合伙企业债务，承担无限连带责任。

退伙签字不算完，此前债务仍承担。
内部约定归别人，债主来讨也要还。

“并”出来的责任

刘风云的公司经营不善，就想把公司和董东的公司合并，经董东同意，两个公司合并，并签订了协议。几天后李士民找到刘风云，问刘风云欠的货款什么时候还，刘风云让李士民去找董东，于是李士民就来到了董东的办公室，董东说虽然两个公司合并了，但这是刘风云在公司合并前欠的债务，不能找他要，应该去找刘风云。刘风云则称这虽然是公司合并前的债务，但现在两公司已经合并了，应该归董东还。面对两人的相互推诿，李士民万般无奈，这钱到底该谁还？

以案说法

本案是一起公司合并纠纷案件。公司合并可分为吸收合并和新设合并两种方式，而上述案件是一起典型的公司吸收案例，根据公司法第 174 条的规定，公司合并时，合并各方的债权、债务应当由合并后存续的公司或者新设的公司承继，所以刘风云公司原先所欠债务，债权人是可以向存续的新公司讨要的，合并后的公司对于刘风云的债务，具有偿还的义务。通过这个案例提醒大家，公司的合并要按法定的程序进行，并且要签订合并协议，明确合并双方的权利义务，妥善处理公司合并前的债务问题，不要为公司合并留下隐患。

法律条文

《中华人民共和国公司法》

第一百七十四条 公司合并时，合并各方的债权、债务，应当由合并后存续的公司或者新设的公司承继。

公司并了债也并，并后公司要还清。
别想一推就干净，相互扯皮更不行。

公司拆分债不分

这天公司股东陈光军找到了老总李远山，说经过自己深思熟虑想从公司分出去，单独成立一家公司。经过股东会的表决，公司把酒店这块分给了陈光军，由此公司分立成了两家公司。一段时间后，公司的债权人罗松找到了李总，问李总之前欠的货款什么时候还，李总说现在公司已经分立了，之前欠的货款也是用于酒店的投资，现在酒店的效益好，应该去找陈光军要。罗松来到陈光军的公司找陈光军要之前欠的货款，陈光军说这钱应该找李总要，他现在已经从公司分出去了，两家公司互相推诿，那么到底该由谁来偿还罗松的债务呢？

以案说法

本案是一起公司分立纠纷。陈光军原来所在的公司欠罗先生的货款没有清偿，后来这家公司拆分为两家公司，根据我国公司法第 176 条以及其他有关规定，如果没有特殊约定，那么分立后的公司应当对分立前的债务承担连带清偿责任。本案中陈光军和李远山不承担公司分立前债务的做法，都是没有道理，也没有法律依据的。再者，我国公司法还规定，公司分立应当编制资产负债表和财产清单，通知债权人，并进行公告，由于这家公司分立没有履行上述法定程序，最终不但仍要承担法律责任，还给自己和债权人造成了不便。这个案例提醒我们，公司合并、分立时，一定要按照公司法及其他法律法规规定的程序进行，与公司有关的债权债务关系人也要及时地主张权利，以免带来不必要的麻烦。

法律条文

《中华人民共和国公司法》

第一百七十六条 公司分立前的债务由分立后的公司承担连带责任。但是，公司在分立前与债权人就债务清偿达成的书面协议另有约定的除外。

公司拆分债不分，分后连带担责任。
程序完备且有约，债主才不再登门。

这钱不能用

这天公司总经理李真实把业务经理石载叫到了办公室，吩咐他说公司的货得赶快备全了，货款已经准备好让石载抽空把钱给人家打过去，以尽快收到货。一周后，李总又催促让石载尽快把从公司取走的钱打给对方，石载有些慌张，支支吾吾的，这让李总很奇怪。经过一番调查，李总得知，石载把公司的货款用来炒股了，原想挣钱还上，结果却赔了个精光，现在人也找不到了。李总该怎么办？

以案说法

本案是一起挪用单位资金案。石载将公司货款挪用，从事自身的营利活动，其行为已触犯我国刑法第272条之规定，涉嫌挪用资金罪。所谓挪用资金罪是指公司、企业或者其他单位的工作人员，利用职务上的便利，挪用数额较大的本单位资金归个人使用或者从事借贷活动，超过3个月未归还，或者虽然没有超过3个月但是进行营利活动或者非法活动的行为，刑法对该罪的量刑幅度作了规定，最高人民法院和公安部就立案追溯的具体标准同样作了详细的规定。这个案例告诫我们，在工作中要公私分明，洁身自好，不要抱着侥幸心理去占公司的便宜，否则将有可能构成犯罪，为自己的冲动付出代价。

法律条文

《中华人民共和国刑法》

第二百七十二条第一款 公司、企业或者其他单位的工作人员，利用职务上的便利，挪用本单位资金归个人使用或者借贷给他人，数额较大、超过三个月未还的，或者虽未超过三个月，但数额较大、进行营利活动的，或者进行非法活动的，处三年以下有期徒刑或者拘役；挪用本单位资金数额巨大的，或者数额较大不退还的，处三年以上十年以下有期徒刑。

家里单位须分清，公款不能挪私用。
否则还上也违法，生财之路要走正。

不该保全的保全

这天朱志远找到李鹏飞，想让李鹏飞为其生意上的借款作担保，李鹏飞担心朱志远到期不能还钱，会连累他这个担保人，就和朱志远商量签一个假的房屋买卖合同，把朱志远100万元的房子卖给李鹏飞，如果朱志远按期还钱，房屋买卖合同就作废，朱志远答应了。第二天，两人来到朱志远借款的公司办公室，把担保合同签了。一段时间后，朱志远收到法院发来的李鹏飞的起诉书，且朱志远的房子被查封了，期限是两年。朱志远赶紧来找李鹏飞，朱志远说他跟债权人说好了，请求债权人宽限几天，让李鹏飞撤诉，李鹏飞不同意。朱志远深感无奈，他该如何维护自身权益呢？

以案说法

本案是一起因申请诉中财产保全损害责任纠纷。我国民事诉讼法为了保护当事人的合法权益和生效裁判文书的执行而规定了财产保全制度，包括诉前财产保全和诉中财产保全，除此之外还有证据保全、先予执行等，但是这些权利不能滥用。本案中原告李鹏飞在还没有承担保证责任的情况下，便以所谓的房屋买卖合同纠纷起诉朱志远，并申请法院对朱志远的房屋进行查封，时间长达两年，存在明显的过错也给朱志远造成了损失，朱志远有权要求李鹏飞予以赔偿。这个案例提醒我们，在诉讼中的权利和义务是一致的，要谨慎行使不可滥用，否则将有可能承担法律责任。

法律条文

《中华人民共和国民事诉讼法》

第一百零五条 申请有错误的，申请人应当赔偿被申请人因保全所遭受的损失。

为免损失保执行，财产保全可申请。

但它是把双刃剑，错了要赔莫滥用。

担保人不好当

陆乘风来找朋友林小林和周天际,为他筹建的生态园项目,向林小林借款100万元。林小林一时拿不出这么多钱,但碍于和陆乘风的交情,林小林答应借给陆乘风50万元,但是需要陆乘风打张欠条并要求有担保人作担保,这一下可把陆乘风愁坏了,只能求助在场的周天际,并向周天际保证只要他答应做担保人,年底就给他一部分分红,即使是赔了也不用周天际承担任何责任,周天际一听赔了不用担责任就痛快地答应了。可谁知过了2个月,周天际被林小林告知找不到陆乘风了,这下,周天际可傻了眼。对于陆乘风的失踪,林小林也很难理解,但是由于周天际是担保人,林小林声称找不到陆乘风就得周天际把钱给还上,否则就去告他,无路可走的周天际该怎么办呢?

以案说法

这是一起为他人提供保证担保而引发的民事纠纷。本案中提供担保的周天际面临代偿的后果,提醒广大公民在为他人提供担保的时候要慎重。如果必须提供担保，则必须明确是提供一般保证还是连带责任保证，而且尽量让债务人提供反担保。反担保的形式多种多样，比如可以让债务人为你提供保证人，或者设定抵押、质押、定金和留置等形式的担保，以免一旦作为保证人承担了代偿责任以后在追偿的时候没有保障。

法律条文

《中华人民共和国担保法》

第四条 第三人为债务人向债权人提供担保时，可以要求债务人提供反担保。

反担保适用本法担保的规定。

第十六条 保证的方式有：

（一）一般保证；

（二）连带责任保证。

第十九条 当事人对保证方式没有约定或者约定不明确的，按照连带责任保证承担保证责任。

提供担保需慎行，一般担保要写明。
最好要求反担保，以免日后钱白扔。

他人出资不足，我为啥担责

朱子墨、王通达和刘静云按 4:3:3 的比例共同出资成立了一个公司，其中刘静云的 30 万元是用一辆车作为实物出资的，王通达和朱子墨则分别出资 40 万元和 30 万元，现金均已到位。朱子墨由于欠张寒山的钱还不上，张寒山就起诉了朱子墨，官司打赢了，法院强制执行拍卖了朱子墨的股权，张寒山买下了股权，成为公司的新股东。张寒山成为股东后，在了解情况后发现，刘静云的那部车根本不值 30 万元，连 10 万元也很勉强，于是张寒山起诉要求刘静云补足差额，王通达承担连带责任，王通达想不通了，明明自己的钱交足了，为啥还要替他人承担责任？

以案说法

本案是一起股东出资纠纷。出资是股东对公司的基本义务，也是形成公司财产的基础，如果股东不按照规定缴纳出资，如出资不足或者虚假出资、抽逃出资等，根据公司法的有关规定，就可能引发公司与股东、股东与股东、股东与公司债权人之间的出资纠纷和诉讼。我国公司法第30条的规定，是为了确保设立公司时，出资的确定和充实，防止注册资本的虚化。本案中由于刘静云出资的非货币财产的实际价值显著低于公司章程所确定价值，根据上述规定，刘静云应当承担补缴其差额的责任，公司成立时的其他股东对交付该差额承担连带责任，以保证公司设立出资的合法、充足。

法律条文

《中华人民共和国公司法》

第三十条 有限责任公司成立后，发现作为设立公司出资的非货币财产的实际价额显著低于公司章程所定价额的，应当由交付该出资的股东补足其差额；公司设立时的其他股东承担连带责任。

股东出资不充实，连带补足无彼此。
瑕疵担保均有责，原始股东须注意。

五、不动产纠纷篇

难办的房产证

萧峰夫妇在售楼处经理的介绍下看中了一套房子。售楼经理承诺半年后能办房产证，而且这套房子是现房，还可以免交 3 年的物业费，于是萧峰夫妇就买下了。不过住了快两年了，一直都没有办理房产证，经过打听，原来这个开发商把土地抵押了，办不了房产证。于是萧峰夫妇决定去找售楼经理退房并要求赔偿损失。当萧峰到售楼处询问办不了房产证是怎么回事时，售楼经理还在推脱掩饰。萧峰夫妇把实际情况和盘托出后，并要退房且要求赔偿损失，售楼经理说退房可以，不过赔偿损失免谈。于是，萧峰便以此为由，将开发商告上了法庭。

以案说法

本案是一起商品房买卖合同纠纷。主人公萧先生因为开发商隐瞒土地使用权抵押的真相，导致他入住两年都没能办成房产证。根据《最高人民法院关于审理商品房买卖合同纠纷案件适用法律若干问题的解释》等规定，开发商不仅要为自己的不诚信行为承担违约责任，还要承担惩罚性的赔偿责任。而萧先生也会因当初没有留意土地使用权抵押的情况给自己带来麻烦。如果开发商经营不善而不能偿还债务，那么土地使用权抵押会长期得不到解除，萧先生的房产证和土地使用权证不知要等到什么时候才能办理好。通过这个案例，告诫开发商一定要诚信经营，不能欺诈购房人，否则有可能承担惩罚性的赔偿后果；而买房人也要谨慎，除了审查五证以外，还要留意土地和房屋有没有抵押的情况，以免造成土地和房产不能及时办理权属登记。

法律条文

《最高人民法院关于审理商品房买卖合同纠纷案件适用法律若干问题的解释》

第十八条 由于出卖人的原因，买受人在下列期限届满未能取得房屋权属证书的，除当事人有特殊约定外，出卖人应当承担违约责任：

（一）商品房买卖合同约定的办理房屋所有权登记的期限；

（二）商品房买卖合同的标的物为尚未建成房屋的，自房屋交付使用之日起90日；

（三）商品房买卖合同的标的物为已竣工房屋的，自合同订立之日起90日。

合同没有约定违约金或者损失数额难以确定的，可以按照已付购房款总额，参照中国人民银行规定的金融机构计收逾期贷款利息的标准计算。

卖房却把土地押，无良商家该惩罚。

买房人也被坑苦，维权路遥成本大。

执行异议之诉　解决一房二主

郭靖宇夫妻买了一套房子，由于原房主周伟失踪了，这个房子就没有过户。最后通过诉讼这个房子判给了郭靖宇。原以为这样就可以安心住下了，没想到突然有位董先生找到家里来，因为周伟欠董先生 100 万元，董先生通过起诉胜诉了，法院判决把这套房子拍卖。董先生一看原来周伟把房子卖给了郭靖宇，事情到了这个地步，两人各不相让，都觉得自己有道理。

以案说法

本案中郭先生遇到的是执行程序当中的诉讼问题。近几年来，随着司法实践，民事诉讼中出现了执行过程中的司法问题。常见的有三种：第一种是案外人执行异议之诉，也就是本案中郭先生遇到的情况；第二种是申请执行人执行异议之诉，也叫执行许可之诉；第三种是执行分配方案异议之诉。上述案件中，即涉及执行异议之诉。设置执行异议之诉的目的在于保护强制执行程序中第三人和利害关系人的合法权益，但是它的启动程序和有关权利的行使，都是有严格的规定的。申请执行人、案外人、执行分配方案的异议人，应当及时、依法的提出，以免自己的合法权益遭受损失。

法律条文

《中华人民共和国民事诉讼法》

第二百二十七条 执行过程中，案外人对执行标的提出书面异议的，人民法院应当自收到书面异议之日起十五日内审查，理由成立的，裁定中止对该标的的执行；理由不成立的，裁定驳回。案外人、当事人对裁定不服，认为原判决、裁定错误的，依照审判监督程序办理；与原判决、裁定无关的，可以自裁定送达之日起十五日内向人民法院提起诉讼。

执行房产起争执，异议之诉解难题。

执行许可与分配，诉讼也能来救济。

车库改成包子铺　邻里之间起纠纷

因为窦大伟家的车库闲置，窦大伟的老婆就想把车库改成包子铺。房子附近有学校，学生比较多，生意肯定会不错。于是两口子一商量第二天就找来装修队改造装修。正好碰见了邻居小郭和小马，小马问窦大伟在干什么，窦大伟说改造一下车库，要开个包子铺。小马和小郭认为如果这样做，外来人员多了，对小区的业主来说不安全。且装修工程大，小区环境也受到很大影响。窦大伟则认为，我家的房子你们管得着嘛。小郭和小马很气愤，他们该如何维护自己的权益呢？

以案说法

本案是一起建筑物区分所有权纠纷案。案中的窦大伟将车库改造成包子铺，改变了房屋的用途，改成了经营性用房，这容易污染环境，也易影响小区的治安。根据物权法以及最高人民法院有关司法解释的规定，窦大伟应当事先征得有利害关系的业主的同意，而窦大伟在没有履行上述义务的情况下，便擅自改建。如果有利害关系的业主起诉维权的话，那么窦大伟将承担停止侵害、恢复原状的民事责任。这个案例提醒我们，自己的住房如果改变用途的话,也应当照顾其他业主的利益,而不能太过任性,否则必将由此付出代价。

法律条文

《中华人民共和国物权法》

第七十七条 业主不得违反法律、法规以及管理规约,将住宅改变为经营性用房。业主将住宅改变为经营性用房的,除遵守法律、法规以及管理规约外,还应当经有利害关系的业主同意。

住房车库改商铺,利害关系到邻居。
他们同意才能改,擅自决定不算数。

夸大其词卖房子　惹上官司要赔偿

郑大志想换套房子，看见一个房产公司的宣传册是个叠拼的房子很满意。于是第二天，郑大志夫妇来到了该房产公司售楼处，一个售楼小姐给他们介绍了房子的结构，并承诺说有一流的设施、一流的配套，有花园，还有健身器材，并且已经有60%的购房率了，等交房就能住了。郑大志夫妇听了很满意，就买下了这套房子。不过交房后，发现买房时宣传的配套设施、花园、健身器材都没有，于是郑大志夫妇就去找房产公司的售楼小姐，售楼小姐说因为规划有变动，所以宣传材料上的东西没有了。郑大志夫妇觉得受骗上当了，想退房，并要求房产公司赔偿他们的损失。售楼小姐却没有答应他们的要求。面对这“夸大其词”的房子，郑大志该如何做呢？

以案说法

本案是一起商品房买卖合同纠纷。案中的开发商将对自己的虚假承诺付出代价。本案中开发商所作的广告等宣传材料对于房屋以及相关设施所作的说明，具体而且明确。对于郑大志夫妇购买房屋的决定有重大影响，虽然在双方订立的合同中没有记载，但是根据《最高人民法院关于审理商品房买卖合同纠纷案件适用法律若干问题的解释》第3条的规定，这些广告手册等宣传材料，应当视为要约。也就是说，无论是不是在合同中有记载，都发生法律效力。开发商如果不按照广告等宣传材料兑现，那么就应当承担违约责任。通过本案提醒开发商，在出售房屋的时候，营销是必要的，但是一定要实事求是，不能说了不算，否则会给自己招来麻烦，同时也提醒购买房屋的朋友，在购房时不仅要留存合同以及交款的收据，还要留存开发商的广告等宣传材料，必要的时候还要留存录音。

法律条文

《最高人民法院关于审理商品房买卖合同纠纷案件适用法律若干问题的解释》

第三条 商品房的销售广告和宣传资料为要约邀请，但是出卖人就商品房开发规划范围内的房屋及相关设施所作的说明和允诺具体确定，并对商品房买卖合同的订立以及房屋价格的确定有重大影响的，应当视为要约。该说明和允诺即使未载入商品房买卖合同，亦应当视为合同内容。当事人违反的，应当承担违约责任。

卖房广告别瞎吹，业主也要把权维。
资料录音早留存，发现被骗好索赔。

离婚同居买房难

因为郑吉吉出轨，他的老婆徐女士跟他离婚了。徐女士的妹妹劝徐女士跟郑吉吉复婚吧，郑吉吉都已经改了，应该给他一个机会。为了孩子和父母，在妹妹的劝说下徐女士答应让郑吉吉回家住，不过不能跟郑吉吉复婚。郑吉吉高兴地回家住了，过了一段时间，徐女士想换个房子，买个大点的，于是跟郑吉吉商量，郑吉吉说可以啊，不然到时候有儿媳妇就住不开了。徐女士问郑吉吉买房子的钱怎么办，郑吉吉说我有 30 万元，可以拿去买房。买房后房屋登记在了徐女士名下，不久，郑吉吉又“出轨”了，徐女士很生气，把郑吉吉赶出了家门。郑吉吉想要回那 30 万元，徐女士就是不给，郑吉吉还能否要回这 30 万元钱呢？

以案说法

这是一起同居析产纠纷案。郑吉吉夫妇离婚后，经人劝说又走到了一起，共同生活了很久，但是却一直没有办理复婚手续，后来又因故解除同居关系，分割财产时发生了纠纷。根据婚姻法以及最高人民法院的有关司法解释，因涉案的房屋登记在女方名下，郑吉吉没有证据证明他是共有人，甚至不能提供充分的证据证明支付了房款30万元，因而要承担对自己不利的后果。如果双方在购买房屋前，已经办理了复婚登记或者虽然没有办理复婚登记，但是对于房屋的归属和出资等事项，有具体书面约定的话，纠纷就可以避免。这个案例提醒有类似情况的人，同居是不受法律保护的，很可能为将来的财产纠纷留下隐患，具备结婚条件就应当尽快办理婚姻登记手续，如果因某种原因暂时不能办理，那么也应当对财产的来源和归属作出书面的具体约定。而对于房屋、土地之类的不动产，更要办理相关的物权登记，以免日后产生纠纷时说不清道不明。

法律条文

《最高人民法院关于人民法院审理未办结婚登记而以夫妻名义同居生活案件的若干意见》

8. 人民法院审理非法同居关系的案件，如涉及非婚生子女抚养和财产分割问题，应一并予以解决。具体分割财产时，应照顾妇女、儿童的利益，考虑财产的实际情况和双方的过错程度，妥善分割。

14. 人民法院在审理未办结婚登记而以夫妻名义同居生活的案件时，对违法情节严重的，应按照婚姻法、民法通则、《关于贯彻执行〈民法通则〉若干问题的意见》和其他法律、法规的有关规定，给予适当的民事制裁。

同居析产起争议，白忙一场真可惜。

不是夫妻说共有，没有证据难支持。

说涨就涨的物业费

肖师民刚出门就发现物业张贴的涨物业费通知，而且物业费涨了近一倍。肖师民所在小区的邻居们对物业费调整都表示了不满，觉得涨得太多了。于是肖师民等作为居民代表去找业主委员会李主任，李主任说现在物价上涨，物业公司要求提高物业费，我们也是没有办法，已经跟物业公司签订了新合同，现在只能执行新的物业收费标准。面对上涨的物业费，难到只能这样么？

以案说法

业主大会和业主委员会是基于建筑物区分所有权的业主组成或者通过选举产生的一个自治性的管理组织，小区的一个业主与本小区是个体与群体的关系。有时候业主委员会所做出的决定，会影响甚至侵害业主的合法权益。那么如果出现这种情况，业主该怎么办呢？根据我国物权法、物业管理条例以及最高人民法院有关司法解释的规定，如果业主认为业主大会或者业主委员会所做出的决定侵害了其合法权益的话，那么业主有权向法院起诉，撤销该决定,这就是业主撤销权。除此之外,我国物权法、物业管理条例还完善了业主的权利,疏通了业主维权的渠道。如除了上述业主撤销权以外,还规定了业主知情权等等,业主可以依法来维权。

法律条文

《中华人民共和国物权法》

第七十六条 下列事项由业主共同决定:

(一)制定和修改业主大会议事规则;

(二)制定和修改建筑物及其附属设施的管理规约;

(三)选举业主委员会或者更换业主委员会成员;

(四)选聘和解聘物业服务企业或者其他管理人;

(五)筹集和使用建筑物及其附属设施的维修资金;

(六)改建、重建建筑物及其附属设施;

(七)有关共有和共同管理权利的其他重大事项。

决定前款第五项和第六项规定的事项,应当经专有部分占建筑物总面积三分之二以上的业主且占总人数三分之二以上的业主同意。决定前款其他事项,应当经专有部分占建筑物总面积过半数的业主且占总人数过半数的业主同意。

第七十八条 业主大会或者业主委员会的决定,对业主具有约束力。

业主大会或者业主委员会作出的决定侵害业主合法权益的,受侵害的业主可以请求人民法院予以撤销。

业主选出业委会,自治管理要依规。
侵权决定能撤销,应知可为不可为。

谁动了我的征地补偿款

李渊倒插门结婚到了邻村好几年了，这天他跟妻子在家里聊天，说想买一辆摩托车，妻子让李渊骑家里的电动车，李渊认为电动车是女人骑的，自己还是想要辆摩托车。李渊妻子想了想，让李渊把李渊村里的征地补偿款要出来就让他买摩托车。于是，李渊就回自己村找村长范大山要征地补偿款，村长告诉李渊没有他的补偿款，因为李渊已经去邻村当上门女婿了，不是这个村的人了，而李渊觉得我户口还在这儿，就应该有自己的征地补偿款，村长告诉李渊这是村里的集体决定，那么李渊还能否要回自己的征地补偿款？

以案说法

本案是一起征地补偿款分配引发的村民委员会和村民之间的纠纷。根据最高人民法院民事案由司法解释规定为侵害集体经济组织成员权益纠纷。这个案例告诉我们，我国村民委员会组织法等法律法规，规定村民享有自治的权利，但是村规民约和村民会议决议等决定事项不能与法律法规以及国家的政策相抵触，不能有侵害村民人身权利、民主权利以及合法财产权利的内容，否则的话这样的村规民约或者决议是无效的。

法律条文

《最高人民法院关于审理涉及农村土地承包纠纷案件适用法律问题的解释》

第二十四条 农村集体经济组织或者村民委员会、村民小组，可以依照法律规定的民主议定程序，决定在本集体经济组织内部分配已经收到的土地补偿费。征地补偿安置方案确定时已经具有本集体经济组织成员资格的人，请求支付相应份额的，应予支持。但已报全国人大常委会、国务院备案的地方性法规、自治条例和单行条例、地方政府规章对土地补偿费在农村集体经济组织内部的分配办法另有规定的除外。

征地补偿怎么分，“出嫁”男儿也有份。
只要成员资格在，一视同仁无疑问。

抵押买卖不动产 办理登记须当先

姚自悟要出售自己的房子，罗罗想买，于是去姚自悟家看房，双方经协商，以60万元成交，但姚自悟让罗罗必须先交30万元定金。罗罗觉得可以，便筹措了30万元定金交给了姚自悟，同时跟姚自悟要走了房产证。过了几天，姚自悟找到朋友董永借款20万元，并拿出房产证作为抵押，董永才借钱给了姚自悟。还钱和房子过户的期限到了，董永和罗罗都来找姚自悟，姚自悟却找不到了。

以案说法

本案是一起诈骗刑事案件。案中的所谓抵押人姚自悟进行一房多押多卖，其行为已涉嫌诈骗罪，应当承担刑事责任。另外，根据我国物权法第9条的规定，像房屋、土地这样的不动产，不论买卖还是抵押只有登记才会生效，不经登记即使拿着原房主的房产证,甚至住到房子里去,买卖和抵押同样是不生效的。这个案例提醒我们在进行以房屋等不动产为标的物的交易时,买卖和抵押交易过程中一定要事先到相关登记部门查看有无交易障碍,并及时办理登记降低交易风险。

法律条文

《中华人民共和国物权法》

第九条第一款 不动产物权的设立、变更、转让和消灭,经依法登记,发生效力;未经登记,不发生效力,但法律另有规定的除外。

抵押买卖不动产,办理登记须当先。
办理之前要查询,谨慎交易防受骗。

房屋现裂缝　这钱该给吗

张迪买了一套房子，只需先付30%的房款便可入住。这天，朋友小杰来张迪家玩，对他的房子赞不绝口。然而，就在住了一段时间后，张迪发现房体出现了好多大小不一的裂缝，于是多次打电话通知物业公司进行维修，物业虽满口答应却一直未见有人来修。2 年过去了，房子裂缝的事情也一直没有解决。其余 70% 房款也一直因此未缴。这天，张迪接到催缴房款的电话，他声称如果房体裂缝的事情不解决，剩余 70% 的房款一分也不付，结果对方便将张迪诉至法庭。

以案说法

本案涉及履行抗辩权的问题。这里的抗辩权通俗地讲就是由于对方的某种情形，当他让你按合同履行时你所享有的拒绝权利。我国合同法第 66 条至第 68 条，分别规定了同时履行抗辩权、先履行抗辩权和不安抗辩权，行使抗辩权要依法正确进行，否则不但达不到目的相反还要承担责任。对于抗辩权需要注意以下四点：一是首先要清楚是不是存在抗辩权。二是所行使的抗辩权和对方的情形是否相当。三是全面固定证据，为证明抗辩权保留证据。四是在拒绝的同时采取积极措施主张权利，如协商、起诉等。尽可能减少损失而不能消极坐等。

法律条文

《中华人民共和国合同法》

第六十六条 当事人互负债务，没有先后履行顺序的，应当同时履行。一方在对方履行之前有权拒绝其履行要求。一方在对方履行债务不符合约定时，有权拒绝其相应的履行要求。

第六十七条 当事人互负债务，有先后履行顺序，先履行一方未履行的，后履行一方有权拒绝其履行要求。先履行一方履行债务不符合约定的，后履行一方有权拒绝其相应的履行要求。

不当行使抗辩权，擅自拒付购房款。
消极坐等输官司，事与愿违把责担。

我的停车位去哪了

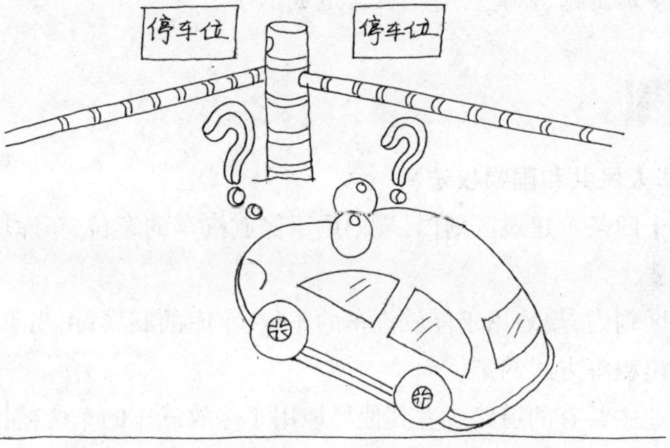

朱子白和妻子刚刚买了一套新房子，而且开发商还承诺买房子就送地下停车位。于是，合同很快就签订了。

朱子白和妻子住进新房后的一天，朱子白妻子开车回家，谁成想小区里到处是车，地下停车位也堵了，无法停车。于是朱子白去开发商处问情况。原来开发商对于停车出台了新的规定，由于很多业主都自己购买了停车位，所以对于没购买停车位的业主必须花费 10 万元重新购买停车位才可以停车。朱子白夫妇认为购房时，开发商已承诺了买房送车位，怎么就说变就变了呢？

以案说法

本案属于建筑物区分所有权纠纷。我国物权法第 74 条对于建筑区划内车位的归属问题作了规定，开发商既然在卖房时已承诺地下停车位供业主免费使用，那就不能有偿出租或出让。关于规划区、车位主要有以下几种情况：一是地面车位，一般已计入公摊面积，依法归全体业主共有，开发商和物业公司无权出租、出售。二是地下车位，分两种情况：第一种是人防车位，根据人民防空法等规定，这种车位产权归政府，开发商不拥有产权，无法办理产权证，不能出售和附赠，但是开发商作为投资者可以出租。第二种是不计入公摊的开发商享有产权的车位，这样的车位开发商在取得相关许可之后有权出租、出售。随着人们生活水平的提高，车辆越来越多，一家拥有两辆甚至多辆车的情况越来越普遍，停车难的问题随之而来。在此建议业主在购买房屋时对车库和车位要多加留意，以免给自己生活造成不便。

法律条文

《中华人民共和国物权法》

第七十四条 建筑区划内，规划用于停放汽车的车位、车库应当首先满足业主的需要。

建筑区划内，规划用于停放汽车的车位、车库的归属，由当事人通过出售、附赠或者出租等方式约定。

占用业主共有的道路或者其他场地用于停放汽车的车位，属于业主共有。

高高兴兴住新房，停车困难把神伤。

买房停车是大事，车位问题须考量。

谁动了我的老宅子

张伟和妻子在老家父母留下的老房子里居住。前一阵子,村里老房子要房改,这天张伟的妻子催促张伟去办理手续,张伟想给姐姐打个电话告知村里房改的事情,被妻子拦下说,姐姐已在城里安家工作,很少回来,房子和姐姐没什么关系,不用通知,手续办完就行了。

这天,张伟的姐姐从城里突然回来了,张伟就把房改的事情告诉了她,并把房改本拿出来给她看,姐姐看完脸色立马就变了,质问张伟为什么把爸妈的房子改成他自己的名字,这么大的事情也没事先跟她说一声。就在姐弟说房子的事情的时候,弟媳从外面回来了,夫妻二人因为房子的事情和姐姐发生了争执,姐姐伤心地离开了老宅子,她该如何维护自己本应享有的权益呢?

以案说法

本案是分家析产纠纷,也包括继承因素。案中的姐弟俩在父母过世后,对于父母的宅院均享有继承权。只要姐姐在遗产处理以前没有做出放弃继承的表示,就依法享有继承权。弟弟说没有姐姐的份额是没有法律依据的。纠纷产生的原因除了弟弟缺乏有关的法律知识以外，和当初姐弟俩对于房屋的共有以及处理，没有作出明确的约定也有关。这个案例提醒人们，家庭成员之间的共有也应当明确共有关系，共有的份额以及如何处理等相关事项。如果不予以明确日后反而更容易产生纠纷，伤害家庭成员之间的感情。

法律条文

《中华人民共和国物权法》

第九十五条 共同共有人对共有的不动产或者动产共同享有所有权。

《中华人民共和国继承法》

第二十四条 存有遗产的人，应当妥善保管遗产，任何人不得侵吞或者争抢。

进城工作虽很久，而且户口也迁走。

农村老宅仍有份，拆迁补偿也该有。

娘家的老宅

范峰和范萍是兄妹俩,父母已故。范萍和婆家因为家庭琐事闹了矛盾,一气之下回到了大哥家。先天性腿脚不好的范萍在大哥范峰家住了很长一段时间也没有要走的意思,这天大哥就和范萍商量想让她回婆家,在这里住这么久也不是办法,还答应范萍私下再贴补一些给她。范萍听大哥这么说,就请求哥哥也多体谅一下自己的难处,大哥表示无能为力让她尽快决定。

这天,范峰和媳妇在家,媳妇又提起了范萍住在这里的事情,两人意见不合大吵了起来。最后范峰媳妇向范萍下达了逐客令,范萍一看撕破了脸皮,就提出这父母盖的房子也有她的份。范峰媳妇觉得范萍是无理取闹,还强行把她轰出了家门。走投无路的范萍一纸诉状把范峰夫妇告上了法院。

以案说法

本案涉及两个问题:一是残疾人权益保障的问题;二是出嫁女的继承权问题。长期以来,仍有一部分人 ,尤其是在农村,认为女儿对娘家父母的遗产是不享有继承权的。其实这是一个错误认识。我国继承法第 9 条明文规定,继承权男女平等。虽然范萍的父母生前因范萍是残疾人而给予她不少特别的资助,但是这对她继承遗产并没有影响,因此范萍对娘家父母的房产享有继承权。哥哥要想得到房屋的话,他应当给予范萍房价一半的补偿。希望通过这个案例能给农村妇女特别是残疾人在继承方面的维权以一定的启示和帮助。

法律条文

《中华人民共和国残疾人保障法》

第三条 残疾人在政治、经济、文化、社会和家庭生活等方面享有同其他公民平等的权利。

残疾人的公民权利和人格尊严受法律保护。

禁止基于残疾的歧视。禁止侮辱、侵害残疾人。禁止通过大众传播媒介或者其他方式贬低损害残疾人人格。

生活困难娘家转,竟被兄嫂往外赶。
娘家老宅妹有份,兄嫂岂能全霸占。

土地易主惹麻烦

在县城做生意的朱来福，回到老家看到自己承包的土地遍地荒草，唉声叹气地回到了县城。隔天，他给自己的朋友王富贵打电话，约王富贵见面。原来王富贵的人脉特别广泛，朱来福想让他帮忙把自己这块承包地再转租出去，没想到王富贵自己把这块地转租下来。朱来福见王富贵如此爽快，也就高兴地和王富贵签订了转包合同，只是对于他和村委会签订合同时不得转包这一条有些疑虑。王富贵安慰他只要他们不说村委会是不会知道的。谁知没过多久，朱来福所在村的村主任约朱来福在承包地见面。原来朱来福转包地的事情被村委会知道了，村委会通知他如果他还想承包可以继续，但是转包绝对不行，继续转包就要收回，村委会告知朱来福会通过法律手段收回该土地，朱来福不知该如何应对了。

以案说法

这是一起土地承包经营权纠纷。我国农村土地承包法赋予农民长期而有保障的土地使用权，这里的土地包括耕地、林地、草地以及其他用于农业生产的土地。我国物权法第十一章更是将土地承包经营权明确为物权，设专门一章加以规定，这对于维护农村土地承包当事人的合法权益，起到了巨大的作用。本案中朱来福转包土地不需要经过村委会同意，村委会以此为由收回土地是没有法律依据的，即便承包合同中有禁止转包的约定，但依法也不应当收回土地。当然这里需要注意转包和转让是不同的，如果朱来福未经村委会同意转让土地承包经营权的话，这种转让就是无效的了。希望这个案例能给农村土地承包当事人维权提供一定的帮助。

法律条文

《中华人民共和国农村土地承包法》

第三十七条 土地承包经营权采取转包、出租、互换、转让或者其他方式流转，当事人双方应当签订书面合同。采取转让方式流转的，应当经发包方同意；采取转包、出租、互换或者其他方式流转的，应当报发包方备案。

土地承包经营权流转合同一般包括以下条款：

（一）双方当事人的姓名、住所；

（二）流转土地的名称、坐落、面积、质量等级；

（三）流转的期限和起止日期；

（四）流转土地的用途；

（五）双方当事人的权利和义务；

（六）流转价款及支付方式；

（七）违约责任。

土地承包经营权，依法保护莫侵犯。
转让须经村同意，转包只需村备案。

房屋漏水谁来赔

这天，刘芙蓉在家正准备做饭。打开水龙头才发现家里停水了，这时恰巧公司来电话，说公司出了状况，需要她回到公司处理事情，刘芙蓉挂断电话就直接出门了。可是刘芙蓉出门前忘记了关闭水龙头，不一会儿，家里就跑水了。而住在楼下的王勤下班一回到家就看到家里跑满了水，王勤以为是自己家里跑了水，到洗手间一看竟然是从楼上漏的水。王勤赶紧跑到楼上，没想到楼上家里根本就没人。于是王勤就跑到物业公司，让物业公司把总水阀先关闭，物业公司也在第一时间联系上了楼上的刘芙蓉。当王勤再次来到楼上刘芙蓉的家，刘芙蓉正在打扫，看到王勤来找她说跑水的事情，极其不耐烦，让王勤先去找物业理论。物业说不是他们造成的跑水，他们不应当承担责任，告诉王勤还应当找刘芙蓉。无奈的王勤该找谁赔偿损失呢？

以案说法

关于楼上漏水造成楼下损失，责任应由谁承担的问题比较复杂。如果新房防水不合格，而且是在竣工后5年保修期内，那么应由开发商负责。如果装修防水不合格，而且在装修竣工后5年保修期内，应当由装修公司负责。上述的两个5年都是法定的，开发商和装修企业都无权缩短。如果楼上业主自有自管供水设施设备漏水，造成楼下损失，那么责任应由楼上业主承担。如果漏水是由于共用的设施设备造成，应当根据物业管理的责任界限以及物业合同的约定范围，确定由供水企业负责还是物业服务企业承担责任。本案中物业服务企业之所以有责任，是因为由他负责的供水设施设备，没有尽到管理养护职责所造成的，但并不是任何情况下物业公司都承担责任，所以那种只要楼上漏水造成楼下损失，就找物业索赔的观点也是不正确的。

法律条文

《物业管理条例》

第五十二条 供水、供电、供气、供热、通信、有线电视等单位，应当依法承担物业管理区域内相关管线和设施设备维修、养护的责任。

前款规定的单位因维修、养护等需要，临时占用、挖掘道路、场地的，应当及时恢复原状。

楼上漏水家被淹，漏水原因需研判。
设施管护谁不当，赔偿责任谁承担。

老宅拆迁　前妻“添乱”

刘希女士与王力是一对夫妻，王力的母亲在他们婚姻关系存续期间因病死亡，留下了一套老房子，后来两人因感情不和离婚了，两人对财产进行了分割，但是老房子不值钱，就未予处理。刘女士随后也把户口从王力村里迁走了，一晃近两年时间过去了，王力家的老宅要拆迁，可这时候前妻刘希来了，要安置房和补偿款，理由是老宅是王力母亲的遗产，因而就有刘希的份儿，可王力母亲已经去世近 6 年了，面对刘希的要求，王力认为她无理取闹。两人不欢而散，后来王力竟收到了法院送达的诉状和查封裁定书，王力该如何应对呢？

以案说法

本案是一起离婚财产纠纷案件，王力母亲去世，继承就开始了，而且那时候两人婚姻关系还在，那么王力继承的份额就属于他和刘希共同所有。根据我国婚姻法第 17 条规定，夫妻在婚姻关系存续期间通过继承或者赠与所得的财产归夫妻共同所有，除非遗嘱或者赠与合同中确定只归夫或者妻一方所有。那么两年之内刘希回来要求诉讼补偿是应该得到法院支持的。通过这个案例提醒有类似情况的朋友,结婚需要准备周全,离婚也要准备周全,要尽量避免因为疏忽所导致的二次甚至多次诉讼解决的情况发生,因为既浪费了原夫妻双方的人力、物力,打破了离婚后的平静秩序,也浪费了国家宝贵的司法资源。

法律条文

《中华人民共和国婚姻法》

第十七条 夫妻在婚姻关系存续期间所得的下列财产,归夫妻共同所有:

(一)工资、奖金;

(二)生产、经营的收益;

(三)知识产权的收益;

(四)继承或赠与所得的财产,但本法第十八条第三项规定的除外;

(五)其他应当归共同所有的财产。

夫妻对共同所有的财产,有平等的处理权。

离婚本已无往来,仍有权利分老宅。

便宜吃亏自评说,公断法律标准在。

签订合同又涨价　用户租房曲折多

王涛在房屋中介的推荐下，看中了一套两居室的房子，之后又在中介人员的陪同下和房主一起看了房屋，查看了房子的相关手续材料，并当场签订了5年租赁合同，还预付了1年的房屋租金。在出租屋住了1年的王涛这一日听同事说今年租房比往年贵了好多，暗自庆幸。可就在此时，他就接到房东涨房租的电话，两人在电话里因为言语不和大吵了起来，不欢而散。

以案说法

这是一起房屋租赁合同纠纷案。在合同履行过程中由于周边房租涨价，房东觉得当初出价低，吃亏了，于是想提高租金价格，这是没有法律依据的。根据《最高人民法院关于适用〈中华人民共和国合同法〉若干问题的解释(二)》第26条的规定，通俗地讲，情势变更是指当情况发生订立合同时无法预见的、非不可抗力造成的，而且也不属于商业风险的重大变化时，合同一方当事人可以请求人民法院或者仲裁机构对于合同进行变更或者解除。本案显然不属于这种情况,合同是不能以租金价格低为由变更或者解除。这个案例提醒我们在订立合同,尤其是市场变化快或者期限较长的合同时,要对合同履行的前景有所预测,对所面临的风险有所评估,并尽可能地在合同中作出相应的约定,以减少或者避免商业风险所造成的影响。

法律条文

《最高人民法院关于适用〈中华人民共和国合同法〉若干问题的解释(二)》

第二十六条 合同成立以后客观情况发生了当事人在订立合同时无法预见的、非不可抗力造成的不属于商业风险的重大变化,继续履行合同对于一方当事人明显不公平或者不能实现合同目的,当事人请求人民法院变更或者解除合同的,人民法院应当根据公平原则,并结合案件的实际情况确定是否变更或者解除。

为免闲置租期长,涨跌风险需担当。

单方提价无道理,情势变更谈不上。

六、投资借贷篇

诈骗花样多 投资需谨慎

赵芝蔓是位退休职工,每天在小区里晨练。一天赵芝蔓正在锻炼的时候,碰到了一位叫大林的小伙子,自我介绍说他是某公司的经理,今天他们公司正好搞活动,拿着卡就能去领免费的礼品。赵芝蔓抱着试试看的态度,拿着大林给的卡去了他所说的公司,没想到真的领到了一份礼品,这让赵芝蔓很高兴。从那以后每次在公园碰到,大林都会和赵芝蔓聊上一会儿。不久两人就成了无话不说的朋友。之后大林带赵芝蔓参观了自己的公司,后来大林向赵芝蔓提出集资的事情,并承诺会按 15% 的利息给予分红,赵芝蔓觉得大林可靠,并且比银行利息高,于是就答应了。每月大林都会给赵芝蔓利息。赵芝蔓尝到了甜头还叫上自己的姐妹一起投资。一天,大林叫赵芝蔓去他办公室,大林跟赵芝蔓说那次投资的 5 万元又有收益了,赵芝蔓一看这么多利息很高兴,大林还让赵芝蔓跟其他姐妹们说来拿利息。大林还给赵芝蔓介绍了新的投资产品，有30%的收益，不过需要投资20万元，赵芝蔓手里没有那么多钱，只有10万元，大林说这样也可以，可以跟公司说说。于是赵芝蔓就又投资了10万元，不过这次到了付利息的日子，赵芝蔓却怎么也联系不上大林了。当赵芝蔓来大林的公司找他时，却发现已经人去楼空。赵芝蔓觉得自己受骗了，一时间不知所措。

以案说法

上述案例中，不法分子以非法占有为目的，违反国家金融法律法规，利用老年人判断能力下降的弱点，虚构用途，非法集资，以高回报为诱饵，骗取多人钱财，该行为已触犯刑法第192条之规定，涉嫌集资诈骗罪。该类犯罪不论犯罪分子是否得到追究，被害人被骗的钱往往被挥霍殆尽，很难追回。因此，提醒广大朋友，特别是老年朋友，在理财投资时，一定要冷静和理性，以免上当受骗、血本无归，让本应温馨安逸的老年生活变得贫困潦倒。

法律条文

《中华人民共和国刑法》

第一百九十二条 以非法占有为目的，使用诈骗方法非法集资，数额较大的，处五年以下有期徒刑或者拘役，并处二万元以上二十万元以下罚金；数额巨大或者有其他严重情节的，处五年以上十年以下有期徒刑，并处五万元以上五十万元以下罚金；数额特别巨大或者有其他特别严重情节的，处十年以上有期徒刑或者无期徒刑，并处五万元以上五十万元以下罚金或者没收财产。

《最高人民法院关于审理非法集资刑事案件具体应用法律若干问题的解释》

第五条 个人进行集资诈骗，数额在10万元以上的，应当认定为“数额较大”；数额在30万元以上的，应当认定为“数额巨大”；数额在100万元以上的，应当认定为“数额特别巨大”。

集资诈骗花招多，投资理财要识破。

指望天上掉馅饼，血本无归尝苦果。

八万元验资费背后的陷阱

霍寿把楼罗和周帆叫到办公室训了一顿，说他们没有好好干活，上个月的业绩骗了10个人，这个月却一个也没有。周帆说现在公安查得很紧，公安的设备也很先进，一打电话就能查到，很难有业绩。楼罗说现在大家的防骗意识提高了，很难得手，已经尽力了。霍寿就说你们不会想点别的法子，并且想到了一个主意，代办大额透支信用卡可以骗钱。于是霍寿安排周帆负责网络操作，楼罗负责群发信息，霍寿自己负责接电话。三个人忙活起来，就等“鱼儿上钩”了。王女士是某公司的老总，由于公司资金出现了问题，一直没有得到解决，她无意中收到一条短信，可以代办大额透支卡，王女士就将电话打了过去。霍寿一听见电话响很是兴奋，接通电话后，王女士说想办一个20万元的透支卡，霍寿说可以，王女士问需要提供什么材料，霍寿说只需要拿着身份证到银行办张银行卡，并且在银行的信息中留下霍寿的手机号，再向卡里面存8万元，这8万元是验资费，还是王女士的，三天后就可以拿到透支卡。王女士觉得钱存在自己的卡里也没有多想，办好卡后就把银行卡号和身份信息发给霍寿，等着拿透支卡。可是三天后当王女士再打电话时就打不通了。王女士赶紧查看了银行卡，发现银行卡里也没有钱了，才知道上当受骗了。

以案说法

这是一起短信诈骗案,骗子以代办大额透支卡为由实施诈骗,其行为已经涉嫌诈骗罪,应当追究刑事责任。而支付这8万元所谓验资费的这家公司,也面临巨额款项打水漂的境地,加剧了本来就面临的经营困难。在此,提醒广大群众,办理透支卡是有严格程序的,应当到银行去办理,不能轻信一些所谓中介的谎言,以免上当受骗,不仅泄露自己的隐私信息,还被骗走钱款。

法律条文

《中华人民共和国刑法》

第二百六十六条 诈骗公私财物,数额较大的,处三年以下有期徒刑、拘役或者管制,并处或者单处罚金;数额巨大或者有其他严重情节的,处三年以上十年以下有期徒刑,并处罚金;数额特别巨大或者有其他特别严重情节的,处十年以上有期徒刑或者无期徒刑,并处罚金或者没收财产。本法另有规定的,依照规定。

周转困难求资金,慌不择路找错人。
个人信息别外露,骗子中介莫轻信。

被迫写欠条 撤销有时限

范航借了李女士20万元钱，约定半年后归还。一年时间过去了，范航还没有还钱。李女士由于经济问题，决定再向范航要钱。这次李女士找了自己的弟弟来帮忙，一定要逼范航还钱。李女士打电话给范航说有事找他，范航说可以。范航来到李女士的家里，李女士问他20万元你什么时候还，范航说我现在手头紧，没有钱还。李女士说你有钱泡温泉、打高尔夫却没有钱给我。李女士要求范航写一张欠30万元的欠条，范航不写，于是李女士就叫出了自己的弟弟，其弟拿着棍子准备打范航，范航很害怕，最后范航写了一张欠李女士30万元的欠条。范航觉得这没有道理，但是后来对方逼得不急，他也就没理会这件事。一晃过了1年多，他等来了李女士的起诉书，对方拿着他写的30万元的欠条让他还钱，他一下子慌了神。

以案说法

这是一起因为没有在法定期限内行使撤销权，而导致自己的合法权益遭受损失的案例。案例中的范先生本来欠李女士20万元，可是后来李女士却伙同他人胁迫范先生出具一张30万元的欠条，因为违背自己的真实意思表示，根据合同法第54条的规定，他是有权请求人民法院或者仲裁机构予以变更或者撤销的。但是法律规定撤销权的行使期限仅为一年。可是由于范先生没有在法定的一年之内行使撤销权，根据合同法第55条的规定，他的撤销权已经归于消灭。俗话说“有权不使，过期作废”，对于一些有时间限制的权利来说是正确的。有的法定时效是可以中止、中断、延长的，比如诉讼时效。但有的是不变期间，是不能中止、中断和延长的，比如申请认定工伤，再如本案中的撤销权，它们的行使期限都是一年，如果超过了这个时间，便会导致权利的丧失。通过这个案例，提醒广大朋友，一定要及时主张权利，以免因超过时限而使自己的合法权益遭受不应有的损害。

法律条文

《中华人民共和国合同法》

第五十四条 下列合同，当事人一方有权请求人民法院或者仲裁机构变更或者撤销：

（一）因重大误解订立的；

（二）在订立合同时显失公平的。

一方以欺诈、胁迫的手段或者乘人之危，使对方在违背真实意思的情况下订立的合同，受损害方有权请求人民法院或者仲裁机构变更或者撤销。

当事人请求变更的，人民法院或者仲裁机构不得撤销。

第五十五条 有下列情形之一的，撤销权消灭：

（一）具有撤销权的当事人自知道或者应当知道撤销事由之日起一年内没有行使撤销权；

（二）具有撤销权的当事人自知道撤销事由后明确表示或者以自己的行为放弃撤销权。

欠条被逼而书写，依法撤销可免责。

撤销时限是一年，及时主张莫错过。

民间委托理财有黑洞

正在小区散步的徐燕恰巧遇到了自己多年未见的表弟范子翩，看见范子翩的日子越过越好，徐燕就问范子翩最近怎么赚那么多钱，范子翩说是因为自己搞投资，把钱放在了投资公司，年底还有分红，当然赚大钱。徐燕一听很心动，就问范子翩是什么公司，范子翩说是真金白银等你拿公司，我们公司老总是郑总。于是徐燕就跟着范子翩来到了投资公司见到了郑总，范子翩介绍了自己表姐徐燕的情况，郑总说我们公司能让你的钱在几年内翻番，徐燕一听很高兴说自己有 50 万元，可以全部用于投资。郑总就让范子翩去拿协议跟徐燕签字办手续。转眼到了年底，却一直没有分红。徐燕打电话给范子翩问情况，范子翩说郑总找不到了，徐燕一下晕了过去，她该怎么办？

以案说法

本案是一起民间委托理财合同纠纷，所谓委托理财，是指委托人将自己的财产委托给受托人，由受托人进行期货、证券或者其他金融形式的投资管理，受托人收取代理费或者双方按约定分配收益的一种经济活动。案中的女主人公听信亲朋好友的宣传，在对所谓的投资理财公司，没有进行深入了解的情况下，便盲目投资，结果导致血本无归，损失惨重。通过这一案例提醒委托理财的投资者，在委托理财时，一定要慎重，对于受托人的资质，投资安全保障等要进行全面、细致的了解后，再做决定。切不可轻信受托人的宣传，也不可盲目跟风。有时有些受托人进行包装和宣传，也就是俗称的托，对于这些人的高谈阔论，更应当谨慎。在决定投资时，应当要求他们对自己所说的话提供行之有效的担保，以降低投资风险。

法律条文

《中华人民共和国合同法》

第三百九十六条 委托合同是委托人和受托人约定，由受托人处理委托人事务的合同。

委托理财须谨慎，道听途说别当真。

别听忽悠看担保，明察暗访受托人。

签订协议需谨慎　一字之差值千金

初文悌来到马成功的办公室，马成功以为初文悌是来还钱的，没想到初文悌却说还没有钱，马成功已经给初文悌宽限了半年的时间，初文悌又说没有钱，马成功很生气。不过觉得是多年的老朋友，就又给了初文悌 3 个月的时间。3 个月后，马成功给初文悌打电话，初文悌说还是没有钱，希望再宽限一段时间，并希望马成功能宽限到年底，并承诺这次可以签协议，如果到年底不还的话，就给马成功银行同期贷款利率 4 倍的利息。马成功就跟初文悌签了还款协议。到了年底初文悌不仅没有还钱，而且还不承认签订的还款协议，马成功一气之下就把初文悌告上了法庭。到了法庭上，初文悌的律师却说这份协议没有生效。马成功很不理解，该律师说是因为协议约定的是签字和盖章之日起生效，由于马成功与初文悌只有签字，没有盖章，所以协议约定没有生效。真的是这样吗？

以案说法

人们常说一字值千金,这句话在商业活动中毫不为过,上述案例中的马经理,因为疏忽了还款协议中所约定的生效条件,所以该协议产生了无效的情况。实践中常会遇到比如名字和身份证不一致,大小写不一致等的情况,导致利益受损。这个案例提醒我们在经营活动中要在商言商,对于一些有关权利义务的文书,一定要字斟句酌,必要时咨询专业人士,以免事后遭受损失,无法弥补。

法律条文

《中华人民共和国合同法》

第四十五条 当事人对合同的效力可以约定附条件。附生效条件的合同,自条件成就时生效。附解除条件的合同,自条件成就时失效。

当事人为自己的利益不正当地阻止条件成就的,视为条件已成就;不正当地促成条件成就的,视为条件不成就。

第二百一十一条 自然人之间的借款合同对支付利息没有约定或者约定不明确的,视为不支付利息。

自然人之间的借款合同约定支付利息的,借款的利率不得违反国家有关限制借款利率的规定。

法律文书抠字眼,一字之差含义变。

标点都要细推敲,万一用错损失惨。

还(hái)欠款还是还(huán)欠款

李茉莉和尤慎之是好朋友,这天李茉莉来找尤慎之,尤慎之问李茉莉怎么没跟她老公高星一起来,李茉莉觉得高星是个窝囊废,不想带他来,尤慎之也没再问。李茉莉开店需要3万元钱,于是跟尤慎之来借钱,尤慎之爽快地答应了,李茉莉还给尤慎之打了个欠条。过了一阵尤慎之来李茉莉店里,看了看李茉莉的店,李茉莉见尤慎之来了赶忙倒了水,然后去拿了1万元钱给尤慎之,说先还尤慎之1万元,尤慎之将李茉莉欠条改了一下,改成还欠尤慎之2万元,尤慎之拿着钱和欠条走了。过了一阵尤慎之听说李茉莉消失了,赶紧来找李茉莉的老公高星要钱,高星看了看欠条认为是还(huán)了欠款2万元,就说再给尤慎之1万元,尤慎之不高兴了,说李茉莉只还了1万元,她还欠着2万元。两人为此各持己见,达不成一致意见。

以案说法

咱们中国的汉语言文化博大精深,有些字多音多义,很有意思,像本案中的"还",可以念huán,也可以念hái,意思却截然不同。但是在经济往来中,那可就要注意了。本案中的欠条,如果实际上已经偿还了2万元而认定为还(hái)欠着2万元没还,那么债务人就吃亏了。相反,如果实际上债务人仅还(huán)了1万元而认定为已经还(huán)了2万元,那么债权人就吃亏了。这个案例提醒我们,在订立合同、出具凭条时,用词一定要仔细斟酌,避免使用容易产生歧义的字句,而产生纠纷,伤了和气,甚至遭受损失。

法律条文

《最高人民法院关于适用〈中华人民共和国民事诉讼法〉的解释》

第九十一条 人民法院应当依照下列原则确定举证证明责任的承担,但法律另有规定的除外:

(一)主张法律关系存在的当事人,应当对产生该法律关系的基本事实承担举证证明责任;

(二)主张法律关系变更、消灭或者权利受到妨害的当事人,应当对该法律关系变更、消灭或者权利受到妨害的基本事实承担举证证明责任。

还(huán)欠款与还(hái)欠款,读音不同意思变。
合同字句要斟酌,模棱两可埋隐患。

欠条对收条 这款欠不欠

段科学是董文化的好哥们儿。这天董文化来到段科学的饭店,他看段科学的饭店装修不错,赞叹段科学生意做得好,段科学不好意思地笑了笑。董文化最近资金周转出现了问题,想向段科学借 20 万元钱,段科学没那么多只答应借给他 10 万元,董文化还给段科学打了一张借条。过了几天董文化来找段科学还钱,先还给了段科学 5 万元钱,说剩下的过一阵再还,还让段科学打了个收条,并又让段科学把原来的欠条撕了,他重新打了一个 5 万元的借条给段科学。又过了很长时间董文化没找段科学还钱,段科学急了于是去找董文化要钱,董文化便拿出收条说已经还清了,段科学很气愤,却也无可奈何,他到底该怎么办呢?

以案说法

借条与收条虽一字之差,但意思却不尽相同。案例中段科学如果想索要自己出借的 5 万元钱,可以通过诉讼程序达到这一目的。根据我国民事诉讼法“谁主张,谁举证”的举证原则,段科学应对诉请的这一事实负有举证责任,而董文化仅凭其手中的收条,并不能确定二者的债权债务关系已经解除。这个案例提醒我们,在经济往来中,凭据记载越详细越好,如事由、形成时间等,如果在同一天出具两份甚至更多借条、欠条等,而且收条又有可能混淆的话,就应当具体到这一天的几点,甚至是几分。

法律条文

《最高人民法院关于适用〈中华人民共和国民事诉讼法〉的解释》

第九十一条 人民法院应当依照下列原则确定举证证明责任的承担,但法律另有规定的除外:

(一)主张法律关系存在的当事人,应当对产生该法律关系的基本事实承担举证证明责任;

(二)主张法律关系变更、消灭或者权利受到妨害的当事人,应当对该法律关系变更、消灭或者权利受到妨害的基本事实承担举证证明责任。

借条收条乱了套,各说各话难分晓。

经济往来要清楚,手续规范结果好。

如此讨债使不得

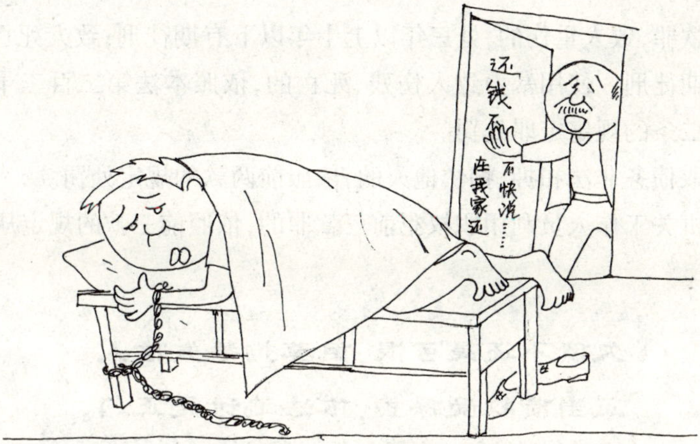

罗福斋欠了范天一笔钱，并且迟迟不还，于是范天找来董坚强一起向罗福斋讨钱，范天问罗福斋什么时候还钱，罗福斋让范天再给他三天时间，范天同意再给他三天时间，三天之后再来。三天之后罗福斋还是没有还钱，一气之下范天就让董坚强把罗福斋关在了自己家，并让董坚强天天看着他。几天之后，罗福斋被放了出去，出去的第二天罗福斋就报了警，警方以非法拘禁将范天带走了，范天的妻子很着急，觉得明明是罗福斋欠债不还，丈夫范天是受害者，怎么反而被警察带走了呢？

以案说法

这是一起非法拘禁案，债主范天本来是受害人，可是用非法的讨债方式，却让他走向了反面，成了加害人，不但债没有讨回来，还引火烧身成了犯罪嫌疑人。我国刑法第 238 条第 3 款明文规定，为索取债务非法扣押拘禁他人的，按照非法拘禁罪的规定处罚，这里的债务当然包括合法债务。这个案例提醒我们，合法的债权也要通过合法的方式去追讨，否则就会事与愿违，甚至构成犯罪。

法律条文

《中华人民共和国刑法》

第二百三十八条 非法拘禁他人或者以其他方法非法剥夺他人人身自由的，处三年以下有期徒刑、拘役、管制或者剥夺政治权利。具有殴打、侮辱情节的，从重处罚。

犯前款罪，致人重伤的，处三年以上十年以下有期徒刑；致人死亡的，处十年以上有期徒刑。使用暴力致人伤残、死亡的，依照本法第二百三十四条、第二百三十二条的规定定罪处罚。

为索取债务非法扣押、拘禁他人的，依照前两款的规定处罚。

国家机关工作人员利用职权犯前三款罪的，依照前三款的规定从重处罚。

欠债不还是可恨，但莫拘禁失信人。

正当债权受保护，依法追讨是正门。

如此讨债行不行

董之恩是宋中华公司的一名员工，这天他来到公司找宋中华想让宋中华把欠他的工资发下来，宋中华敷衍说最近公司资金周转出现了问题，让他再等等，但是董之恩觉得宋中华天天吃着山珍海味，开着奔驰不像是没钱的样子，董之恩侧面向宋中华公司的秘书小夏打听情况，夏秘书告诉他公司欠了不少钱，确实已经好几个月发不了工资。就这样他俩一合计，决定把宋中华的车开走，用公司的车抵他们的工钱。董之恩一开始有些害怕，但在夏秘书的劝说下还是答应了。第二天两人就把车开走了，也不来公司了，这可把宋中华气坏了。董之恩和夏秘书这样的讨债方式合适么？

以案说法

这是一起侵权责任纠纷案件。案中的董之恩和他的同事，因为用人单位拖欠工资，便私自将老板的车辆开走，有人认为这是法律上规定的留置权的使用，但这种做法其实是错误的，是一种侵权行为。所谓留置权，是指债权人按照合同的约定占有债务人的动产，债务人不按期履行债务的，债权人有权依法留置其财产，用以折价或者拍卖、变卖的价款，优先受偿的一种制度，它是一种担保物权。这个案例提醒我们，对于一些法律规定的权利，要正确理解以后才可以行使，避免因误解而做出损害他人合法利益的行为。

法律条文

《中华人民共和国物权法》

第二百三十条 债务人不履行到期债务，债权人可以留置已经合法占有的债务人的动产，并有权就该动产优先受偿。

前款规定的债权人为留置权人，占有的动产为留置财产。

公司经营遇困难，欠着工钱不偿还。
自取公物偿私债，这种行为也侵权。

是借款还是饭费

王明镜经营一家饭店，范无双是个包工头，经常来店里消费，时间久了两人就成了朋友。一天范无双着急地找到王明镜，想向王明镜借10万元钱。王明镜却提到范无双先前拖欠的10万多元饭费，范无双说等工程款一下来立马就还，现在先借10万元把料进上来，并许诺给王明镜比银行高4倍的利息，还把一辆车抵押给了王明镜，并打了借条。两周后范无双带着10万元钱找到了王明镜说还他上次借的钱，王明镜给范无双打了个收条，上面写到"今收到范总10万元，余款年底偿还"。到年底时，王明镜找到范无双要欠款，范无双说再宽限两个月，可没几天范无双就收到了法院发来的王明镜的起诉书，起诉书上要求还借款。范无双很生气，当时明明跟王明镜说还的是借款不是饭费啊，现在王明镜怎么又起诉要求还借款了呢？

以案说法

上述案例中，无论是从民事诉讼法举证责任的角度还是根据合同法的有关规定，范先生所偿还的款项有可能被认定为饭费。如果这样的话，范先生可能就吃亏了，因为他的借款是有利息的，所以还要支付高额的利息。俗话说，亲兄弟明算账，先小人后君子，所以建议做生意的朋友，即便是熟人之间打交道，也要账目清晰，丁是丁卯是卯，否则一旦产生纠纷，就会后悔莫及。

法律条文

《最高人民法院关于审理民间借贷案件适用法律若干问题的规定》

第十六条 原告仅依据借据、收据、欠条等债权凭证提起民间借贷诉讼，被告抗辩已经偿还借款，被告应当对其主张提供证据证明。被告提供相应证据证明其主张后，原告仍应就借贷关系的成立承担举证证明责任。

借款饭费啥没还，差别大似壤与天。
就因字句没写明，昔日好友今翻脸。

无头的欠条

燕擎天和李大海是多年的好朋友，两人商量一起合伙做生意。燕擎天用一辆价值十几万元的车出资，而李大海说客户财务都归燕擎天管，自己就跑跑腿。几个月后生意不景气，燕擎天和李大海商量不做这生意了，合伙财产就剩一辆市价 10 万元的车。两人商量车归燕擎天所有，燕擎天给李大海 5 万元钱，扣除李大海装修房子从合伙财产里拿的 1 万元，燕擎天再给李大海 4 万元。一段时间后李大海给燕擎天打电话要钱，还声称再不给钱就去法院起诉。燕擎天听后很生气，觉得李大海不讲情面，一气之下让自己的朋友婷婷拿着李大海装修房子时打的 1 万元的借条找到李大海还钱，李大海说没有借婷婷钱，要还也是还给燕擎天。几天后，李大海收到了婷婷的起诉书。

以案说法

本案是一起民间借贷纠纷。尽管被告李先生称实际上没有借所谓原告的款项，但由于原告持有李先生亲笔书写的借条，所以如果李先生不能举证证明原告属于虚假诉讼的话，他将被判决承担还款的后果。这个案例提醒我们，平时要注意收据、借据、欠据等有关债权债务书写技巧和风险防范，尽可能将有关事项记载详细，以免发生纠纷，甚至遭受损失。

法律条文

《最高人民法院关于审理民间借贷案件适用法律若干问题的规定》

第二条 出借人向人民法院起诉时，应当提供借据、收据、欠条等债权凭证以及其他能够证明借贷法律关系存在的证据。

当事人持有的借据、收据、欠条等债权凭证没有载明债权人，持有债权凭证的当事人提起民间借贷诉讼的，人民法院应予受理。被告对原告的债权人资格提出有事实依据的抗辩，人民法院经审理认为原告不具有债权人资格的，裁定驳回起诉。

第二十条 经查明属于虚假民间借贷诉讼，原告申请撤诉的，人民法院不予准许，并应当根据民事诉讼法第一百一十二条之规定，判决驳回其请求。

他人借条原告攥，说没借款难申辩。

喊冤但是无证据，只能判你还借款。

打水漂的投资

魏东东和妻子开了一家火锅店,生意一般。这天他们的朋友钱多多找到了他们,说要想挣钱得成立公司,钱多多给火锅店注资 20 万元,还继续由魏东东夫妇经营,但年底要分红。魏东东夫妇给钱多多打了收条。过了一段时间后,当钱多多来到火锅店,发现老板换人了,情急之下,钱多多找到了魏东东夫妇,魏东东夫妇说火锅店没有效益就转让了,钱多多的投资款还能追回吗?

以案说法

本案既是合同纠纷也是公司发起人责任纠纷。根据公司法的规定,股份有限公司有发起人这个概念,有限责任公司的发起人就是公司成立时的股东,所谓发起人责任就是发起人在公司设立的过程中因公司不能成立,对公司认股人应承担的责任,或者在公司成立时因发起人自身的过失行为导致公司利益受损时应当承担的责任。这个案例提醒我们,发起人应当承担筹划和实施公司设立行为、进行出资,并对公司设立行为承担责任的义务,否则会承担相应的责任。

法律条文

《最高人民法院关于适用〈中华人民共和国公司法〉若干问题的规定（三）》

第四条 公司因故未成立，债权人请求全体或者部分发起人对设立公司行为所产生的费用和债务承担连带清偿责任的，人民法院应予支持。

部分发起人依照前款规定承担责任后，请求其他发起人分担的，人民法院应当判令其他发起人按照约定的责任承担比例分担责任；没有约定责任承担比例的，按照约定的出资比例分担责任；没有约定出资比例的，按照均等份额分担责任。

因部分发起人的过错导致公司未成立，其他发起人主张其承担设立行为所产生的费用和债务的，人民法院应当根据过错情况，确定过错一方的责任范围。

成立公司想赚钱，不料投资被亏完。
章程协议无约定，亏损按过错分担。

担保遇无赖　保人很无奈

李欢刚开始创业，资金有点紧张，就找相丹丹帮忙，相丹丹带着李欢找到了王总。李欢说前期先借 20 万元，王总说借钱可以，但要相丹丹提供担保，相丹丹同意了，双方约定利息按年息 10% 计算，李欢回去拟了份借款协议，并让相丹丹做担保人。到还款日期了，李欢一直没有还钱，王总也联系不上他，无奈之下，王总找到相丹丹，相丹丹就先把 20 万元的借款还了。一天相丹丹在街上看到李欢，就催促他把 20 万元还给她，李欢却说没让相丹丹替自己还钱，还要起了无赖，拒不认账。相丹丹该如何维护自己的合法权益呢？

以案说法

这是一起保证人追偿权纠纷案件。在本案中，相丹丹为朋友借款承担了连带责任保证。根据相关法律规定，承担连带责任保证的保证人，在债务人没有履行到期债务的情况下，债权人有权要求保证人承担全部的保证责任，保证人在承担保证责任后，有权向债务人追偿。因此，在相丹丹承担全部保证责任后，是有权向李欢追偿的。通过这个案例提醒大家在遇到类似法律问题时，要充分认识到潜在的法律风险，当保证人行使追偿权遭到拒绝时，应及时通过法律途径来维护自己的合法权益。

法律条文

《中华人民共和国担保法》

第三十一条 保证人承担保证责任后，有权向债务人追偿。

《最高人民法院关于适用〈中华人民共和国担保法〉若干问题的解释》

第二十条 连带共同保证的债务人在主合同规定的债务履行期届满没有履行债务的，债权人可以要求债务人履行债务，也可以要求任何一个保证人承担全部保证责任。

借款到期仍拖欠，保人仗义把责担。

追偿于法有依据，不论让没让他还。

这车该归谁

富裕和刘云是多年好友。这天，富裕找到了刘云，本想向刘云借笔钱周转一下，见刘云不是很情愿，就说愿意把自己的车抵押给刘云，让刘云先开着，借给他5万元周转一下。刘云稍作考虑后，就答应了，但车依旧由富裕开着，只是去办理了一个抵押登记手续。后来富裕的钱久拖不还，刘云急了，多次给富裕打电话，却联系不上。一气之下，刘云直接找上门，问富裕什么时候能还钱，她等钱用，富裕说还得再过一段时间，刘云一看富裕这是故意拖着不还，就告诉富裕要把抵押过户登记的车拍卖掉用来抵债，富裕一听也和刘云翻了脸，两人不欢而散。几天后，刘云想拍卖富裕的车，这辆车却已经被法院查封了，于是刘云对于自己手里的抵押权却不知该如何处理了。

以案说法

类似刘女士的遭遇，实践中会经常遇到。一个执行标的物设定了抵押，可是又被其他法院查封，如果执行标的被拍卖后，所得价款等于甚至小于优先债权，那么其他申请查封该标的物的当事人就无法从这个执行标的中执行到钱了，于是有的申请查封当事人就有意的拖延。执行这样优先债权的申请执行人,权利就迟迟得不到实现,因而遭受不应有的经济损失。自2016年4月14日起实施的《最高人民法院关于首先查封法院与优先债权执行法院处分查封财产有关问题的批复》,就解决了这个问题,本案正是属于这种情况。刘女士可依据上述相关司法解释来要求法院移送执行车辆,尽快实现自己的优先债权。

法律条文

《最高人民法院关于首先查封法院与优先债权执行法院处分查封财产有关问题的批复》

第一条 执行过程中,应当由首先查封、扣押、冻结(以下简称查封)法院负责处分查封财产。但已进入其他法院执行程序的债权对查封财产有顺位在先的担保物权、优先权(该债权以下简称优先债权),自首先查封之日起已超过60日,且首先查封法院就该查封财产尚未发布拍卖公告或者进入变卖程序的,优先债权执行法院可以要求将该查封财产移送执行。

首先查封挡在前,优先债权难优先。
新规限期要移送,消除扯皮与刁难。

甜蜜的借条

尚云和王枫是一对情侣，两人因为性格不合早已分手了。可是尚云一直追着王枫要钱，王枫却说这张借条是当初谈恋爱时为了哄她开心写着玩的，不作数。但尚云却说白纸黑字哪能抵赖，不还钱就是不行，否则就去告他。王枫回想起给尚云打欠条的一幕幕，真后悔自己就为了在5月20日表示一下自己的独特，打了一张52万元的欠条，也没想到在今天会把自己坑得这么苦。而且尚云的要钱次数也越来越频繁，都快把王枫给逼疯了。王枫为此一直闷闷不乐。同事小朱看到王枫最近工作一直不在状态，便上前询问是怎么回事？王枫就把被前女朋友拿着借条天天纠缠的事情和盘托出，小朱一边安慰王枫，一边建议王枫应当通过法律途径解决问题。

以案说法

好多人认为借款打个借条就够了，只要有借条就高枕无忧，单凭借条，借款人就得还账，殊不知这个认识并不全面。根据最高人民法院的相关司法解释，如果打官司原告仅提供借条，而被告不承认借了原告的款，那么法官会针对是不是真的有借款这件事,借了多少,怎么交接的款项以及双方当事人的经济能力等细节进行调查,然后综合判断。也就是说,如果原告说不清又提供不出证据,有借条也不一定打赢官司。比如本案,虽然有借条,但是并没有借款事实,所谓的债权人败诉的风险是很大的。实践中还遇到本来是欠货款或者房款,可是债权人却多此一举的让债务人打成借条这样的情况,这反而给事实的查清和举证增加了难度,希望这个案例能给大家带来一定的启示。

法律条文

《最高人民法院关于审理民间借贷案件适用法律若干问题的规定》

第十六条 原告仅依据借据、收据、欠条等债权凭证提起民间借贷诉讼,被告抗辩已经偿还借款,被告应当对其主张提供证据证明。被告提供相应证据证明其主张后,原告仍应就借贷关系的成立承担举证证明责任。

被告抗辩借贷行为尚未实际发生并能作出合理说明,人民法院应当结合借贷金额、款项交付、当事人的经济能力、当地或者当事人之间的交易方式、交易习惯、当事人财产变动情况以及证人证言等事实和因素,综合判断查证借贷事实是否发生。

本未借款写借条,单凭借条债难讨。

被告辩称没借钱,法官细查定分晓。

谁动了我的信用卡

这天,王广大在家休息,突然有人敲门,开门一看原来是从小长到大的哥们儿朱凯欣。朱凯欣来就是想给王广大一个惊喜,今天是王广大的生日,王广大自己都给忘记了,王广大很感谢哥们儿对自己的情谊,忙着去给哥们儿泡茶。就在王广大去泡茶时,朱凯欣见到桌子上有张信用卡和需要办卡的资料,就问王广大怎能把信用卡随随便便就放桌子上呢,还问啥时候办的信用卡?额度多少啊?王广大一边在厨房烧水一边回答,刚拿出来的信用卡,额度好像是 5 万元,但是自己暂时还用不着,还没激活,就先扔到桌子上了。朱凯欣听朋友这么一说,立马动了心思,鬼使神差地就把信用卡和资料全部用手机拍了下来,然后若无其事地继续和王广大聊天,王广大此时也端着刚泡好的茶水来到朱凯欣面前。不知不觉已近中午,朱凯欣提议出去吃饭,正好给王广大庆祝生日。但是王广大中午早已有约,所以两人就约定以后再聚。

这天,朱凯欣回到家,神秘兮兮地告诉妻子有个礼物要送她。妻子迫不及待要他快拿出来。朱凯欣拿出一个明晃晃的金镯子,妻子一看高兴坏了,说这个镯子可是自己日思夜想了好长时间了,老公真好。可是又转念一想,问道:"老公,你哪来这么多钱?"面对妻子的询问,朱凯欣随便找了个理由给搪塞了回去,朱凯欣怎么会把透支朋友信用卡的事情告诉妻子呢。

一个月后的一天,王广大接到一通电话。原来是银行的催款电话,说王广大信用卡 5 万元额度这个月已经全部透支,提醒其还款不要逾期。王广大一听就傻了,说自己没有透支这么多钱啊,问对方是否搞错?对方将其银行卡号和身份证号准确报出,并建议王广大尽快查查是怎么回事,王广大一下子慌了神,赶紧去银行查流水,核实情况,并报了案。

以案说法

本案中，朱凯欣利用其所掌握王广大的身份信息，假冒王广大，将没有激活的信用卡挂失并激活后恶意透支，该行为侵犯了王广大的财产权益，也破坏了金融管理秩序，符合信用卡诈骗罪的构成要件，应予依法追究刑事责任。同时这个案件也暴露出王广大的一些过失，轻易将自己的身份信息，甚至是办卡的个人资料暴露给他人，没有妥善保管好自己的信用卡。这些疏忽给不法分子留下了可乘之机，最终使王广大遭受了损失。

法律条文

《中华人民共和国刑法》

第一百九十六条 有下列情形之一，进行信用卡诈骗活动，数额较大的，处五年以下有期徒刑或者拘役，并处二万元以上二十万元以下罚金；数额巨大或者有其他严重情节的，处五年以上十年以下有期徒刑，并处五万元以上五十万元以下罚金；数额特别巨大或者有其他特别严重情节的，处十年以上有期徒刑或者无期徒刑，并处五万元以上五十万元以下罚金或者没收财产：

（一）使用伪造的信用卡，或者使用以虚假的身份证明骗领的信用卡的；

（二）使用作废的信用卡的；

（三）冒用他人信用卡的；

（四）恶意透支的。

前款所称恶意透支，是指持卡人以非法占有为目的，超过规定限额或者规定期限透支，并且经发卡银行催收后仍不归还的行为。

盗窃信用卡并使用的，依照本法第二百六十四条的规定定罪处罚。

第二百六十四条 盗窃公私财物，数额较大的，或者多次盗窃、入户盗窃、携带凶器盗窃、扒窃的，处三年以下有期徒刑、拘役或者管制，并处或者单处罚金；数额巨大或者有其他严重情节的，处三年以上十年以下有期徒刑，并处罚金；数额特别巨大或者有其他特别严重情节的，处十年以上有期徒刑或者无期徒刑，并处罚金或者没收财产。

办卡资料遭泄密，被人补卡并透支。

澄清责任很麻烦，隐私保护莫大意。

介绍人还是担保人

戴杰在朋友张小山的多次游说下把 10 万元钱存到了一家理财公司，原本想赚点外快，可是刚过了不到半年，戴杰接到张小山的电话，告诉他理财公司关门了，他的钱估计要打水漂了，戴杰一听说立马急了，10 万元钱可是自己一家多年省吃俭用存下的。他打理财公司电话没人接听，跑到公司去要钱，却发现大门紧闭，早已经人去楼空。戴杰一看自己多年的心血就这么没了，心里很难受，最后想到如果不是张小山怂恿，他怎么会上当呢？于是他找到张小山索要赔偿，可是张小山百般推脱，拒不赔偿，两人因言语不和发生冲突。

以案说法

这是一起保证合同纠纷。按照常理，朋友推荐买理财，又保证没有问题，那么如果理财出问题的话，是可以找这个推荐人的。然而，说他保证要有证据，口说无凭是肯定不行的。小张如果是这家贷款公司的员工，他是属于履行职务行为，没有连带责任。假如他是法人，他所经营的公司资金运作与其生活资金分离，也不承担连带责任，他也只是在履行法人行为。小张承担连带责任就是给这家贷款公司提供担保，并且用自己的财产作抵押，或者是提供保证担保。但是最关键的就是签订书面的担保合同，有了这个书面担保合同，连带责任则无法推脱。通过这个案例告诫大家，为了维护自己的权益，避免遭受不必要的损失，在类似情况下，一定要签订书面的保证合同。

法律条文

《中华人民共和国合同法》

第十条 当事人订立合同，有书面形式、口头形式和其他形式。

法律、行政法规规定采用书面形式的，应当采用书面形式。当事人约定采用书面形式的，应当采用书面形式。

> 钱没赚到反赔本，回头来找中间人。
>
> 若是介绍或履职，不是担保无责任。

天上掉下来的官司

李辉跟着王胜利干工程,王胜利拖欠李辉 20 万元工程款尚未支付。一天,李辉蹲在王胜利家里追讨,王胜利无奈告知范老板公司曾借走 30 万元早到期了也没还,因为有事相求不敢讨要,还出示了借条;再后来王胜利因为欠债太多跑了,李辉无奈只得向范老板讨要,范老板并不理会,称与其无关,李辉在律师帮助下起诉了范老板,范老板觉得李辉是胡搅蛮缠,并未理会,可没过多久,范老板果真收到了起诉状,他一下子蒙了。李辉到底能不能要求范老板偿还欠款呢?

以案说法

本案是一起债权人代位权纠纷,债权人代位权是债的保全制度的一种。我国合同法第 73 条对代位权作了规定,债权人行使代位权需要满足如下条件:第一,债权人对债务人的债权须合法或不属于自然债权,债务人与次债务人的债权亦相同;第二,须债务人怠于行使到期债权;第三,债务人的债权已到清偿期；第四，债务人怠于行使其到期债权，对债权造成损害或债权有不能实现之危险；第五，债务人怠于行使的权利须具有可代位性，必须是不专属于债务人自身的债权。代位权制度突破了债的相对性原则，使债权人可以代债务人向第三人主张权利，是一种责任财产的保全，债权人通过行使代位权，就可以防止债务人的财产不当减少，保障了没有担保的一般债权得以清偿，有非常积极的意义。法律的这个规定又给债主提供了一条维权的途径，您如果遇到这样的情况，不妨行使代位权，以便自己的权利得到实现。

法律条文

《中华人民共和国合同法》

第七十三条 因债务人怠于行使其到期债权，对债权人造成损害的，债权人可以向人民法院请求以自己的名义代位行使债务人的债权，但该债权专属于债务人自身的除外。

代位权的行使范围以债权人的债权为限。债权人行使代位权的必要费用，由债务人负担。

债权到期不讨债，导致他人受损害。
人家行使代位权，讨债可将你取代。

七、消费争议篇

餐饮最低消费被叫停

林子大为了感谢朋友们帮忙搬家，在饭店请客吃饭，当叫服务员结账时，服务员说包间是有最低消费的，最低消费 500 元。林子大跟朋友很气愤，饭店还有最低消费，就质问这是什么时候的规定，服务员说一直是这样规定的。林子大想找饭店老板，老板却不在，在和服务员交涉无果后，于是就先给了服务员 500 元。回到家，林子大越想越觉得不合理，本来才消费 300 多元，非要最低消费 500 元。饭店这种设置最低消费的规定合理么？

以案说法

以前我们在饭店就餐时，经常遇到禁止自带酒水，设置最低消费等现象。现在这种情况虽然不太普遍了，但仍有发生。这种做法在我国消费者权益保护法中，早就有明文的禁止性规定。自 2014 年 3 月 15 日起施行的《最高人民法院关于审理食品药品纠纷案件适用法律若干问题的规定》，也明确指出像饭店这样的食品经营者，以格式合同、声明、告示等形式作出上述不公正、不合理规定的，消费者有权请求人民法院认定该规定无效。2014 年 11 月 1 日起施行的《餐饮业经营管理办法（试行）》第 12 条再次明文禁止餐饮经营者设置最低消费。在此提醒消费者，遇到类似情况时，要注意收集证据，依法维权，同时也提醒餐饮经营者，不要试图通过霸王条款来谋取不正当利益，以免因违法而得不偿失。

法律条文

《最高人民法院关于审理食品药品纠纷案件适用法律若干问题的规定》

第十六条　食品、药品的生产者与销售者以格式合同、通知、声明、告示等方式作出排除或者限制消费者权利，减轻或者免除经营者责任、加重消费者责任等对消费者不公平、不合理的规定，消费者依法请求认定该内容无效的，人民法院应予支持。

《餐饮业经营管理办法（试行）》

第十二条　禁止餐饮经营者设置最低消费。

霸王条款引难堪，未免尴尬多掏钱。

现有法律明禁止，如若被坑应维权。

销售假货　必遭重罚

马香莲的手机坏了很长时间了，一天，她来到一家手机店打算买一款新的手机。挑来挑去她终于看中了一款自己喜欢的手机，试了一下觉得手机运行速度很快，于是就问老板价钱，老板说一般外面都卖六七千元，他这里卖5800元，马香莲觉得有点贵，经过讨价还价，最后老板以5000元的价格卖给了她。马香莲问老板手机质量怎么样？手机店老板拍着胸脯说绝对没有问题，并且作出了假一罚十的承诺。买完手机的马香莲本来很高兴，可是没想到这手机经常性地出现故障，有时甚至打不出去电话，运行速度也开始变得非常慢，这让马香莲非常郁闷。于是马香莲找到手机专家刘经理进行鉴定，刘经理说这是个假冒伪劣的手机。于是，马香莲拿着发票找到手机店老板，她觉得应该10倍赔偿她，马香莲要求赔偿却吃了闭门羹，这场纠纷该如何解决呢？

以案说法

现实生活中类似的例子很多，案中这位买主咨询的问题，在司法实践中有结果不同的判法。关于卖主假一罚十、假一赔十的承诺，买主要求兑现的主张，法院主要有三种判决方式：第一种是按照合同法认定为违约责任的一种约定，这种情况卖主会在法庭上主张约定过高，要求减少，最后法院判决减少赔偿数额；第二种是根据消费者权益保护法的规定，认定卖主提供的商品有欺诈行为，从而按买主购买商品价款的3倍增加赔偿判决；第三种是认为这是卖方的单方允诺，从而判决卖主10倍赔偿。案中卖主的瑕疵担保义务是默示义务，也就是说，即便是不做承诺，也不允许他卖假货。但是如果卖主特别明确假一罚十、假一赔十这种承诺，那么就是强调自己所经营的商品品质有保证，自己的经营行为有信誉，也就为自己特别设定了义务，因此卖主的这种单方允诺行为，既然作出了就应该予以兑现，卖了假货就应当予以10倍赔偿。

法律条文

《国家工商行政管理总局关于处理侵害消费者权益行为的若干规定》

第一条 经营者提供商品或者服务，应当按照法律法规的规定、与消费者的约定或者向消费者作出的承诺履行义务。经营者与消费者有约定或者经营者向消费者作出承诺的，约定或者承诺的内容有利于维护消费者合法权益并严于法律法规强制性规定的，按照约定或者承诺履行；约定或者承诺的内容不利于维护消费者合法权益并且不符合法律法规强制性规定的，按照法律法规的规定执行。

卖货保真是本分，瑕疵担保讲诚信。

假一罚十言必行，兑现承诺别怨恨。

为上大学　违法代办学籍

顾家楠的孩子学习不好，学校老师打电话说孩子在班上都倒数了。顾家楠很着急，怕连专科都考不上，就责怪孩子，孩子却责怪顾家楠不会辅导，文化太低。于是顾家楠就去找张老师看看能不能办大学学籍。张老师承诺说能办大学学籍，不过需要费用，顾家楠说多少钱，张老师说需要 20 万元，顾家楠觉得只要孩子能上大学花多少钱都无所谓。第二天，顾家楠就拿了 20 万元去找张老师，张老师跟顾家楠签了协议。原本以为一切都顺利，没想到别人的孩子眼看就要开学了，自己的孩子却迟迟没有收到录取通知书，顾家楠很气愤就去找张老师问个清楚。张老师说这是运气的问题，没有办成。顾家楠觉得上当了，事情没办成还损失了 20 万元钱，想要回那 20 万元，张老师就是不给，他该怎么办呢？

以案说法

这是一起通过非正常途径办理高校学籍而产生的纠纷，这里面的协议违反了我国有关高等教育的法律法规的强制性规定，因而属于无效合同。这位顾先生不仅耽误了自己孩子的前程,还付出了金钱的代价。当然,根据法律规定,这20万元是应当返还的,但是即使能够要回来,也会经过许多的曲折,会付出很大的代价。通过这个案例提醒家里有学生的朋友,随着现在国家有关法律法规的完善和执法力度的加强,通过非法途径获得高校学籍是不可能的。即便得到了,也会后患无穷。在教育孩子好好学习的同时,应正确定位孩子的发展目标,不能凭侥幸心理和投机的心理,非法办理所谓高校学籍,否则会带来无尽的烦恼。

法律条文

《中华人民共和国高等教育法》

第十九条第一款 高级中等教育毕业或者具有同等学历的,经考试合格,由实施相应学历教育的高等学校录取,取得专科生或者本科生入学资格。

《中华人民共和国合同法》

第五十八条 合同无效或者被撤销后,因该合同取得的财产,应当予以返还;不能返还或者没有必要返还的,应当折价补偿。有过错的一方应当赔偿对方因此所受到的损失,双方都有过错的,应当各自承担相应的责任。

干部高校国防生,录取资格有规定。

靠钱绝对买不来,听信忽悠钱白扔。

未成年的成年人

赵薇的韩国同学蔡胜想买一辆二手车，就找赵薇帮忙，赵薇想到她的二叔赵文武有一辆车要卖，于是就带蔡胜去了赵文武家，赵薇跟赵文武介绍了蔡胜的基本情况后，赵文武答应把车卖给蔡胜，蔡胜也答应赵文武下个月给车钱，并且两人签订了合同。两个月过去了，车开走了，卖车钱却一直没有收到，于是赵文武就找赵薇问情况，赵薇也多次催过蔡胜，可是蔡胜一直在推脱搪塞。于是，赵薇想方设法联系了他的父母，可蔡胜的父母说在韩国未满 20 岁的算未成年，他们不负责任。赵文武不知所措。

以案说法

本案是一起涉及民事行为能力的案件。我国法律规定年满 18 周岁的成年人是完全民事行为能力人，但是这个年龄在不同的国家是有不同规定的。有的国家规定年满 20 周岁才是完全民事行为能力人，尽管在我国这些人实施民事行为要按我国的法律，但由于各国法律规定的不同，有时也容易产生误解、产生纠纷，在此提醒大家，跟外国人打交道的时候，如果是标的额比较小的交易，可以不考虑这些因素，但是如果涉及房屋、车辆等大额的生产、生活资料的话，还是要了解相关国家的有关法律规定，以免造成不必要的纠纷。

法律条文

《最高人民法院关于贯彻执行〈中华人民共和国民法通则〉若干问题的意见（试行）》

180. 外国人在我国领域内进行民事活动，如依其本国法律为无民事行为能力，而依我国法律为有民事行为能力，应当认定为有民事行为能力。

181. 无国籍人的民事行为能力，一般适用其定居国法律；如未定居，适用其住所地国法律。

行为能力看年龄，各国规定有异同。
若与洋人打交道，不闻不问可不行。

花心男遭遇酒托女

华夏喜欢用微信聊天。这天华夏在微信聊了一个小姑娘叫蔡小蝶，于是便打电话把蔡小蝶约了出来。在蔡小蝶的推荐下两人来到一家咖啡馆见面，华夏见到蔡小蝶很高兴，感觉蔡小蝶比微信中看到的还漂亮，蔡小蝶想认华夏当哥，华夏愉快地答应了。华夏和蔡小蝶点了两杯咖啡，边喝边聊，两人聊得很投机，蔡小蝶见华夏聊得这么尽兴，提出想喝点酒，她怂恿华夏点了店里的红酒。他们喝完红酒想去看电影，喊服务员结账，服务员告诉华夏一共5200元，华夏一听不愿意了，认为这是家黑店要找这家咖啡馆的经理，华夏跟经理理论了一会儿，见没办法就先结账走了。事后华夏越想越不对劲，觉得蔡小蝶可能是托儿，如何挽回自己的经济损失呢？

以案说法

目前网上的交流工具很多，如QQ、微信等软件，但是当你约异性网友或者异性网友约你见面的时候，一定小心提防可能存在的温柔陷阱，华先生的遭遇就是其中的一例。本案例中，酒托女和咖啡馆的行为符合刑法第266条的规定，已经涉嫌诈骗罪。另外，现实中还有被骗不交钱被殴打等情形，这个案例提醒我们，网上交友要谨慎，切不可感情用事，以免造成不必要的损失。

法律条文

《中华人民共和国刑法》

第二百六十六条 诈骗公私财物，数额较大的，处三年以下有期徒刑、拘役或者管制，并处或者单处罚金；数额巨大或者有其他严重情节的，处三年以上十年以下有期徒刑，并处罚金；数额特别巨大或者有其他特别严重情节的，处十年以上有期徒刑或者无期徒刑，并处罚金或者没收财产。本法另有规定的，依照规定。

网上交友寻艳遇，花心碰上酒托女。
别认倒霉要维权，尽快报案到警局。

网购出现纠纷　当地也可维权

颜晓晖夫妻俩的房子装修得差不多了，就差门上的锁没换了，为了方便，颜晓晖跟妻子商量在网上购买门锁。于是颜晓晖跟妻子在网上寻找锁具，颜晓晖看上了一款1500元一把的门锁，妻子觉得有点贵，让颜晓晖别在网上买了，但颜晓晖觉得还可以，于是不听妻子的劝说买下了。过了几天门锁到了，颜晓晖出差不在家，他的妻子把门锁拿回家后就放在一边没动。一周以后颜晓晖回来，拆开包装发现门锁很轻，感觉不对，便去找行家看了一下，确认是仿制品，于是颜晓晖找网上卖家维权，但对方认为过了7天不给退货，颜晓晖想要告这个卖家，但卖家告诉颜晓晖必须来他们这儿才能起诉，颜晓晖的维权之路真的会如此坎坷么？

以案说法

这是一起涉及管辖权的民事案件，颜先生与网购公司签订的服务协议约定，产生纠纷由网购公司所在地人民法院管辖，如果按原来的规定，颜先生将不得不前往数千里以外的网购公司所在地法院打官司，这意味着他要额外付出高额的诉讼成本。自2015年2月4日起施行的《最高人民法院关于适用

〈中华人民共和国民事诉讼法〉的解释》中规定，经营者使用格式条款与消费者订立管辖协议，未采取合理方式提请消费者注意，消费者主张管辖协议无效的，人民法院应予支持。颜先生正是在没有得到任何合理提示的情况下签订的上述协议，据此颜先生完全可以在他的住所地法院起诉。

法律条文

《最高人民法院关于适用〈中华人民共和国民事诉讼法〉的解释》

第三十一条 经营者使用格式条款与消费者订立管辖协议，未采取合理方式提请消费者注意，消费者主张管辖协议无效的，人民法院应予支持。

网上购物打官司，到哪起诉成问题。
如今有了新规定，消费维权更便利。

不保险的保险

耿精忠想给妻子购买一份保险。这天保险业务员老罗找到了耿精忠，耿精忠给妻子购买的是一份人身保险，一年交3200元，保额30万元，被保险人是耿精忠的妻子，耿精忠的妻子不在，耿精忠问业务员能不能给妻子代签，保险员说没问题，耿精忠就在被保险人处代妻子签字了。几年后，耿精忠的妻子重病去世，耿精忠找到保险公司要求赔偿，但是保险公司说被保险人一栏不是被保险人本人的签字，保险公司不予赔偿，耿精忠傻了眼，不知如何是好。

以案说法

本案是一起人身保险合同纠纷。耿先生为爱妻买了一份人身保险，在爱妻意外身故后申请理赔，根据保险法的规定，保险公司以该保险合同没有其妻子的书面同意以及签名为由，主张合同无效固然是对的，但是保险公司的业务员在订立合同的时候，明知投保人和被保险人不是同一人，而任由投保人代被保险人签名，没有尽到告知义务，故意隐瞒与合同订立有关的重要事实，给投保人造成了损失，应该承担导致合同无效的责任，赔偿投保人相应的损失。这个案例告诫大家，在订立保险合同时要认真阅读并理解其中的条款，在出现工作人员的解释与保险合同的条款不一致时，要根据保险合同的书面条款决定是否投保，是否签字，不要盲目轻信工作人员的口头解释和承诺，以免出现纠纷时缺乏依据，从而遭受不必要的损失。

法律条文

《中华人民共和国保险法》

第三十四条第一、二款 以死亡为给付保险金条件的合同，未经被保险人同意并认可保险金额的，合同无效。

按照以死亡为给付保险金条件的合同所签发的保险单，未经被保险人书面同意，不得转让或者质押。

为谋远虑买保险，贪图便利字代签。
申请理赔遭拒绝，保费返还责分担。

“吹牛上税”代价昂贵

范有粮的腿有关节炎，老毛病了，这天范有粮的儿子范小米从广告上看见一则治疗关节炎的广告，该广告中的医院号称中国十大治疗关节炎医院之一，拥有最先进的技术和最权威的专家，最重要的是治愈率可达到百分之百。父子俩兴冲冲地拿着广告找到了这家医院。经过一系列的检查，医生给范有粮开了很多药，虽然价格高昂，但想到可以治愈自己的关节炎，还是忍着心痛把钱交了。几个月后，范有粮的病情丝毫没有好转，他对医院当初做的承诺起了怀疑，于是范小米再次来到了这家医院找到那位医生，质问这个医生为什么花了这么多钱，还不见疗效，不是治愈率百分之百吗？医生对于范小米的诘问爱答不理，没有理会。范小米很生气，觉得医院明显是在忽悠患者。于是，他向当地工商部门举报了这家医院，工商行政部门对该医院进行了处罚。

以案说法

本案是一起行政处罚案件。这家医院因使用了极限性的广告词，进行不合实际的宣传，被工商行政管理部门处罚，工商行政管理机关的这一行政处罚,是以广告法第57条等法律法规作为依据的。对自己的产品或服务进行广告宣传本无可非议,可是个别人却利用广告做不合实际的夸大,甚至是虚假的宣传,进行不正当竞争,严重扰乱了市场秩序,破坏了社会诚信。这个案例警示人们,一定要诚信经营,如果用极限言词进行过分夸大,甚至虚假的广告宣传,将依法付出沉重的代价。

法律条文

《中华人民共和国广告法》

第九条 广告不得有下列情形:

(一)使用或者变相使用中华人民共和国的国旗、国歌、国徽,军旗、军歌、军徽;

(二)使用或者变相使用国家机关、国家机关工作人员的名义或者形象;

(三)使用"国家级"、"最高级"、"最佳"等用语;

(四)损害国家的尊严或者利益,泄露国家秘密;

(五)妨碍社会安定,损害社会公共利益;

(六)危害人身、财产安全,泄露个人隐私;

(七)妨碍社会公共秩序或者违背社会良好风尚;

(八)含有淫秽、色情、赌博、迷信、恐怖、暴力的内容;

(九)含有民族、种族、宗教、性别歧视的内容;

(十)妨碍环境、自然资源或者文化遗产保护;

(十一)法律、行政法规规定禁止的其他情形。

第十条 广告不得损害未成年人和残疾人的身心健康。

第五十七条 有下列行为之一的,由工商行政管理部门责令停止发布广告,对广告主处二十万元以上一百万元以下的罚款,情节严重的,并可以吊销营业执照,由广告审查机关撤销广告审查批准文件、一年内不受理其广告审查申请;对广告经营者、广告发布者,由工商行政管理部门没收广告费用,处二十万元以上一百万元以下的罚款,情节严重的,并可以吊销营业执照、吊销广告发布登记证件:

(一)发布有本法第九条、第十条规定的禁止情形的广告的;

（二）违反本法第十五条规定发布处方药广告、药品类易制毒化学品广告、戒毒治疗的医疗器械和治疗方法广告的；

（三）违反本法第二十条规定，发布声称全部或者部分替代母乳的婴儿乳制品、饮料和其他食品广告的；

（四）违反本法第二十二条规定发布烟草广告的；

（五）违反本法第三十七条规定，利用广告推销禁止生产、销售的产品或者提供的服务，或者禁止发布广告的商品或者服务的；

（六）违反本法第四十条第一款规定，在针对未成年人的大众传播媒介上发布医疗、药品、保健食品、医疗器械、化妆品、酒类、美容广告，以及不利于未成年人身心健康的网络游戏广告的。

广告出台新章法，严禁虚假和夸大。

谁说吹牛不上税，一旦违法要重罚。

黑心商卖假药　告他没商量

白茫到农药店去买农药，经售货员介绍了解到新的药品对庄稼效果很好，用上之后每亩产量可以增加 200 斤左右。白茫二话没说就要了一箱。回家后白茫赶紧把药用到地里，但他怎么也没想到，刚过两天，棉花都枯萎了。这下白茫傻眼了，立马去找农药经销处经理，可是该负责人却百般推脱责任。白茫一看争吵也没有什么结果，就找到农业园林服务公司向专家寻求帮助，专家经过对白茫的农药进行检验，确定该农药属于假冒伪劣产品，并向白茫讲解了选择农药的注意事项。离开农业园林服务公司后，白茫下定决心，一定要为自己讨回公道。

以案说法

这是一起假药坑农的案件。销售假农药的商家应当承担民事责任、行政责任甚至刑事责任。现实生活中发生很多假农药、假种子、假肥料坑农的案例，由于许多农民朋友法律和证据意识不强，导致出现索赔困难。关于农药的登记、生产、经营和使用，农药管理条例作了明确规定。在此，提醒广大农民朋友，在购买和使用农药时要注意以下几点：第一，要到正规厂家或店面去购买，而且要查验商家的营业执照，最好留存复印件。第二，在购买时要注意商品包装、厂家、地址和联系电话是否有效、齐全，必要的时候可以打电话咨询。第三，要看三证是否齐全，即农药登记证、产品标准证号和生产批准证号，还要注意该农药的有效成分、含量，特别是有效期。第四，一定要索取有效票据。第五，在使用农药时要留存农药包装和少量药品，以便万一出现问题有据可循。第六，就是用药以后，出现农作物生病、死亡等异常现象一定要及时拍照、录像、取样等，保全证据，尽快向农业行政部门报告，请他们组织专业人员实地查看，必要时尽快起诉并申请证据保全，以免日后索赔无据。

法律条文

《农药管理条例》

第五十五条 农药经营者有下列行为之一的，由县级以上地方人民政府农业主管部门责令停止经营，没收违法所得、违法经营的农药和用于违法经营的工具、设备等，违法经营的农药货值金额不足 1 万元的，并处 5000 元以上 5 万元以下罚款，货值金额 1 万元以上的，并处货值金额 5 倍以上 10 倍以下罚款；构成犯罪的，依法追究刑事责任：

（一）违反本条例规定，未取得农药经营许可证经营农药；

（二）经营假农药；

（三）在农药中添加物质。

有前款第二项、第三项规定的行为，情节严重的，还应当由发证机关吊销农药经营许可证。

取得农药经营许可证的农药经营者不再符合规定条件继续经营农药的，由县级以上地方人民政府农业主管部门责令限期整改；逾期拒不整改或者整改后仍不符合规定条件的，由发证机关吊销农药经营许可证。

第五十六条 农药经营者经营劣质农药的，由县级以上地方人民政府农业主管部门责令停止经营，没收违法所得、违法经营的农药和用于违法经营的工具、设备等，违法经营的农药货值金额不足 1 万元的，并处 2000 元以上 2 万元以下罚款，货值金额 1 万元以上的，并处货值金额 2 倍以上 5 倍以下罚款；情节严重的，由发证机关吊销农药经营许可证；构成犯罪的，依法追究刑事责任。

一年收入打水漂，罪魁祸首假农药。

无良药商会抵赖，维权取证要尽早。

销售过期食品　退一赔十

吴良和马晓燕夫妻俩开了一家小商店，生意还算不错。夫妻俩高兴地筹划着年底买房的事情，就在两人正高兴的时候，林先生提着一箱奶，气势汹汹地来到了店里，声称他前几天买了一箱奶，孩子喝了后肚子立马不舒服，然后住进了医院。后来发现是买的奶过期了，于是林先生就上门和吴良交涉，吴良回应他这奶刚过期没几天，肯定不是奶的问题并质疑林先生儿子生病另有起因，这一下让林先生大为恼火，问吴良这事该如何处理？并要求商店按照法律规定退一赔十，但吴良只答应将购买的这一箱过期奶给退掉，林先生对此很恼火，在双方争执不下的情况下，他将吴良夫妇告上了法庭。

以案说法

该商店经营者吴先生夫妻由于销售过期食品而被消费者起诉，将面临败诉的极大风险，因为我国食品安全法明文规定，生产不符合食品安全标准的食品或者销售明知是不符合安全标准的食品，消费者除要求赔偿损失外，还可以向生产者或销售者要求支付价款10倍的赔偿金，这种赔偿具有惩罚性，不要求有损害后果的发生，也就是说，即便没有造成损害后果，也要10倍赔偿，即所谓的退一赔十。如果造成人身、财产或者其他损害的，还要依法承担赔偿责任。在此提醒从事销售的朋友务必多学习一些安全法律的知识并诚信经营，对于过期等不符合食品安全标准的食品，坚决予以下架，否则将付出沉重的代价。

法律条文

《中华人民共和国食品安全法》

第一百四十八条 消费者因不符合食品安全标准的食品受到损害的，可以向经营者要求赔偿损失，也可以向生产者要求赔偿损失。接到消费者赔偿要求的生产经营者，应当实行首负责任制，先行赔付，不得推诿；属于生产者责任的，经营者赔偿后有权向生产者追偿；属于经营者责任的，生产者赔偿后有权向经营者追偿。

生产不符合食品安全标准的食品或者经营明知是不符合食品安全标准的食品，消费者除要求赔偿损失外，还可以向生产者或者经营者要求支付价款十倍或者损失三倍的赔偿金；增加赔偿的金额不足一千元的，为一千元。但是，食品的标签、说明书存在不影响食品安全且不会对消费者造成误导的瑕疵的除外。

食品安全有标准，生产销售需遵循。
你若当成耳旁风，退一赔十别嫌狠。

贪图便宜买黑车　损失大了

延红波媳妇不满意现在的生活状况,拿出婚前延红波承诺自己豪车的事情跟延红波争执,延红波为此很郁闷。碰巧看到手机短信中有人处理奔驰车,便第一时间和对方联系,心想买上车就可以阻止媳妇的无理取闹,在和对方简单沟通后,便和媳妇商量要买这辆奔驰车。经过询问,该车市场价 80 万元,因为没有正规手续所以会便宜很多,在电话里经过讨价还价后就商定第二天看车,看好后一手交钱一手交车。第二天,延红波和媳妇就去试驾了,当场就对奔驰车很满意,可是延红波对奔驰车手续不全,属于黑车的现状心里犯起了嘀咕,但经不住车主忽悠和媳妇的软磨硬泡,最终还是将奔驰车买了下来。两人因为用超低的价格买了一辆超值车而沾沾自喜,却发生了意想不到的事情。一天延红波的媳妇开车出去玩,在某十字路口被交警逮了个正着,结果不仅这车给扣了,连延红波媳妇也给拘留了。原来这是一辆被盗车。这一下可把延红波给急坏了,原本是图便宜,没想到却惹上了麻烦,该怎么办?

以案说法

这是一起由于法律意识淡薄,贪图便宜购买赃车,而涉嫌犯罪的案例。现在好多二手商品交易市场活跃,因其价格实惠而备受消费者青睐,比如说旧货交易市场、二手车交易市场等，这有利于促进物品的有效利用，节约资源。但是有一些不法分子也乘虚而入销售赃物，导致二手市场鱼龙混杂。实践中，因买卖电缆、电线、油田物资、二手汽车等，涉嫌犯罪的并不在少数。此案例提醒广大市民朋友，在购买二手商品的时候一定要提高防范意识，千万不要购买赃物。尤其是买卖二手机动车的时候要看是否具有合法有效的来历证明，发动机号和识别代码是否有涂改的痕迹，并及时办理过户手续，千万不要心存侥幸，否则将会面临车被追缴、钱打水漂甚至是犯罪入狱的风险。

法律条文

《中华人民共和国刑法》

第三百一十二条 明知是犯罪所得及其产生的收益而予以窝藏、转移、收购、代为销售或者以其他方法掩饰、隐瞒的，处三年以下有期徒刑、拘役或者管制，并处或者单处罚金；情节严重的，处三年以上七年以下有期徒刑，并处罚金。

单位犯前款罪的，对单位判处罚金，并对其直接负责的主管人员和其他直接责任人员，依照前款的规定处罚。

赃物来源就不对，明知故买是犯罪。
心存侥幸贪便宜，赔钱入狱祸相随。

八、诉讼执行篇

官司输赢　不是律师说了算

薄法虎聘请董律师当公司的法律顾问，过了没多久，薄法虎的公司就遇到了麻烦。一天秘书拿了一张法院的传票给薄法虎，原来是公司的保安小侯把公司给告了，薄法虎要求秘书把董律师给找来。董律师来到薄法虎的办公室，看了材料后，觉得官司败诉的可能性比较大，因为证据不充分，董律师希望薄法虎能够跟小侯和解，这样是比较好的结果。不过薄法虎却要求董律师不管用什么方法一定要打赢官司，哪怕造证据都行。董律师没有答应，并告知薄法虎法律尊严不可亵渎，不能违法是基本底线。

以案说法

律师在执业过程中经常被问到，我们的官司你能不能打赢或者你对我的官司打赢有多大的把握之类的问题，这是一个两难的问题，回答能打赢或者打不赢都是不客观的。在此提醒大家，律师是为当事人提供法律服务的执业人员，官司的输赢是由多方面的因素决定的，如果任何情况下律师都拍着胸脯向你保证能打赢官司，反而涉嫌虚假承诺了。聘请律师与其问官司能不能打赢，有没有把握，倒不如看律师办案是不是认真、周到、细致。另外，作为当事人有两个方面的问题也非常重要：一是要详细、全面、诚实地向律师提供有关信息和相关材料，随时发现、随时提供。二是在案件的整个过程中，要与律师保持经常地、密切地沟通。以共同面对、解决遇到的各种诉讼情况。

法律条文

《律师职业道德和执业纪律规范》

第四条 律师应当忠于宪法和法律，坚持以事实为依据，以法律为准绳，严格依法执业。律师应当忠于职守，坚持原则，维护国家法律与社会正义。

第五条 律师应当诚实守信，勤勉尽责，尽职尽责地维护委托人的合法权益。

官司输赢法院定，别让律师给算命。
收集证据是关键，是否充分定输赢。

人民调解未经司法确认不能强制执行

满天海的儿子在放鞭炮时，把蔡女士的车玻璃炸裂了，蔡女士找到满天海要求赔偿，满天海说我到时候会给你修，蔡女士认为她的是新车，应该给她赔辆新车。两人争吵不休，没有达成一致意见。于是两人找到社区的调解委员会，范调解员了解事情的经过后，让他们各让一步，最后两人达成了调解协议，满天海赔给蔡女士 1500 元。满天海回家后，满天海的妻子知道要赔偿蔡女士 1500 元后，很气愤，她认为自己的儿子被蔡女士打了怎么不赔偿？这赔偿不合理。过了一段时间，蔡女士没有收到满天海的钱，于是就打电话催要，满天海的妻子说家里装修，现在还没有钱给她，蔡女士很生气拿着调解协议找上门来，蔡女士能拿到赔偿吗？

以案说法

我国人民调解法的颁布实施，对于构建和谐社会起到了很大的作用，各地也建立了人民调解委员会，许多纠纷在人民调解委员会的主持下调解解决，比到法院打官司要省时省力，这是值得提倡的。需要注意的是，在人民调解委员会支持下达成的调解协议，如果没有经过人民法院的司法确认，是不具有强制执行力的。我国的民事诉讼法也规定了人民调解协议司法确认的程序。上述案例中的纠纷双方，虽然经过人民调解委员会调解，达成了调解协议。但由于没有依法对该协议进行司法确认，导致一方反悔时，还需要进行立案、开庭、判决等诉讼程序。这个案例提醒大家，在人民调解委员会主持下达成了调解协议后，为防止将来一方反悔，最好在调解协议生效之日起30日内共同向人民法院申请司法确认，这样一方反悔的话，另一方就可以直接申请强制执行了。

法律条文

《中华人民共和国人民调解法》

第三十三条 经人民调解委员会调解达成调解协议后，双方当事人认为有必要的，可以自调解协议生效之日起三十日内共同向人民法院申请司法确认，人民法院应当及时对调解协议进行审查，依法确认调解协议的效力。

人民法院依法确认调解协议有效，一方当事人拒绝履行或者未全部履行的，对方当事人可以向人民法院申请强制执行。

人民法院依法确认调解协议无效的，当事人可以通过人民调解方式变更原调解协议或者达成新的调解协议，也可以向人民法院提起诉讼。

人民调解息纠纷，协议仍需防失信。
未免日后再反悔，三十日内要确认。

追债传票被退回　原来姓名不一致

范财多和侯志国是多年的邻居，四年前范财多从侯志国处借走了 2 万元钱至今未还，这天侯志国又来催范财多还钱。侯志国告诉范财多再不还钱我就把你告上法庭，范财多有点害怕，求侯志国再等等，侯志国不同意，认为范财多这是在赖账。此后侯志国就把范财多告上了法庭，很快，法院的传票到了范财多那里，范财多的妻子见法院传票很着急，让范财多赶紧把钱还给侯志国，范财多看了传票认为传票上的名字跟自己的不一致，便把传票退回了法院，侯志国还能成功起诉范财多么？

以案说法

实践中当事人来打官司却说不清对方的姓名或者名称、住所等基本信息，造成发生纠纷取证非常困难，更有甚者提供的姓名、住所是错误的，导致立案后驳回起诉或者由法院撤诉。案例中侯先生遇到的就是这种情况。我国民事诉讼法第 119 条明确规定起诉必须符合的条件之一就是要有明确的被告。第 121 条规定起诉状应当记明的事项就包括姓名、性别、工作单位、住所等信息。

因此，了解、查看对方的有关证件、保留复印件、并确认签名或者盖章与证件是否一致很重要，否则一旦出现纠纷就会给维权增加难度。

法律条文

《中华人民共和国民事诉讼法》

第一百二十一条 起诉状应当记明下列事项：

（一）原告的姓名、性别、年龄、民族、职业、工作单位、住所、联系方式；法人或者其他组织的名称、住所和法定代表人或者主要负责人的姓名、职务、联系方式；

（二）被告的姓名、性别、工作单位、住所等信息，法人或者其他组织的名称、住所等信息；

（三）诉讼请求和所根据的事实与理由；

（四）证据和证据来源，证人姓名和住所。

经济往来做生意，对方身份要核实。

最好留存复印件，以防名字不一致。

行政诉讼不出庭　罚款处分两不误

这天范乡长在乡里开会,询问了一下各部门的情况,让各部门把工作做好。会后小黄问范乡长那个上访户的案子开庭去不去,范乡长认为不能去,去了给乡里丢脸,让小黄找个律师去应付一下。过了几天,县里接到法院的司法建议,因为这个上访户的案子给了范乡长处分,范乡长认为不出庭是为了维护乡里的脸面,怎么还给了处分?并且法院还为此事给予范乡长个人罚款3000元,范乡长认为单位的事情,更不应该罚我个人的钱。这样既处分又罚款的行为对吗?

以案说法

依照我国行政诉讼法相关要求,范乡长作为被诉行政机关的负责人,应当出庭应诉。如果确实不能出庭,也应当委托其所在行政机关相应的工作人员出庭。像范乡长这样无正当理由拒不到庭的,法院是可以向监察机关或其上一级行政机关提出对其做出处分的司法建议的;范乡长未在规定期限内接受处罚，法院可以对范乡长作出按日50—100元的罚款。这个案例提醒大家，行政机关工作人员，特别是行政机关的负责人，要多学一些新的行政诉讼法律知识，提高法律意识，以免由于不知法、不懂法造成自己或者所在行政机关被追究法律责任的严重后果。

法律条文

《中华人民共和国行政诉讼法》

第三条第三款 被诉行政机关负责人应当出庭应诉。不能出庭的，应当委托行政机关相应的工作人员出庭。

第六十六条第二款 人民法院对被告经传票传唤无正当理由拒不到庭，或者未经法庭许可中途退庭的，可以将被告拒不到庭或者中途退庭的情况予以公告，并可以向监察机关或者被告的上一级行政机关提出依法给予其主要负责人或者直接责任人员处分的司法建议。

第九十六条 行政机关拒绝履行判决、裁定、调解书的，第一审人民法院可以采取下列措施：

（一）对应当归还的罚款或者应当给付的款额，通知银行从该行政机关的账户内划拨；

（二）在规定期限内不履行的，从期满之日起，对该行政机关负责人按日处五十元至一百元的罚款；

（三）将行政机关拒绝履行的情况予以公告；

（四）向监察机关或者该行政机关的上一级行政机关提出司法建议。接受司法建议的机关，根据有关规定进行处理，并将处理情况告知人民法院；

（五）拒不履行判决、裁定、调解书，社会影响恶劣的，可以对该行政机关直接负责的主管人员和其他直接责任人员予以拘留；情节严重，构成犯罪的，依法追究刑事责任。

行政诉讼出新规，平民告官不再累。
政府应诉避风险，新法必须要学会。

老赖的末日

武诚信借了单仁一笔钱,一直未还钱,单仁将武诚信告上了法庭。法院判决武诚信还钱,于是单仁拿着判决结果来找武诚信要钱,武诚信说没钱还。单仁很生气,第二天来到武诚信的奔驰车前拦着,武诚信正要开车出去,见单仁拦在那里,无奈就只好打车走了。经过私下打听,武诚信平时出手阔绰,消费水平很高,有钱就是拖着不还。单仁见这样也不是办法就听取律师建议向法院申请采取限制武诚信高消费措施。没过几天,武诚信就因为出行消费限制把钱还给了单仁。

以案说法

本案是一起民事执行案件。为了解决执行难的问题,最高人民法院出台了一系列的司法解释,如失信被执行人名单制度、限制被执行人高消费等,此后又将被执行人高消费规定进行了修改,限制范围扩大到了非生活和工作所必需的消费，还出台了拒不执行判决裁定罪的司法解释，加大了对失信被执行人的制裁力度。根据这些规定申请执行人可以申请法院将被执行人列入失信名单，也可以申请法院向其发出限制消费令，如果被执行人仍拒不履行判决裁定，申请执行人可以依法要求追究被执行人的刑事责任。这个案例提醒人们，如果你是被执行人，要尽快履行判决裁定所确定的义务，否则将面临法律的严惩。

法律条文

《最高人民法院关于限制被执行人高消费及有关消费的若干规定》

第一条　被执行人未按执行通知书指定的期间履行生效法律文书确定的给付义务的，人民法院可以采取限制消费措施，限制其高消费及非生活或者经营必需的有关消费。

借钱容易还钱难，讨要无果真难办。
最高法院出新规，轮着老赖傻了眼。

案由不同　诉讼结果也不同

王婀娜希望自己变得更美，到一家美容院做微整形。王婀娜跟美容院说要做微整形，但是有点紧张和担心，美容院接待人员让她放心，并且签订了合同。结果手术失败，半年后，王婀娜的脸还没有恢复好，于是她找到美容院讨说法，美容院认为是王婀娜自身体质问题，王婀娜认为自己没问题。几番折腾，美容院提出赔偿2万元私了，王婀娜不同意。于是王婀娜将美容院告到了法院，可是法院没有判决美容院赔偿精神损害抚慰金，她不理解，上网查阅了很多资料，有些类似的例子就赔了，可是她的诉求为什么没有得到法院的支持呢？经过了解，原来是她的诉讼请求有问题。

以案说法

随着社会法治的日趋完善，维权的途径越来越多，同样的案情选择不同的案由会导致最终结果出现很大的差异，特别是在多种法律关系存在竞合的情况下。比如乘坐交通车发生交通事故,遭受人身伤害,你可以选择客运合同纠纷也可以选择机动车交通事故责任纠纷,但是赔偿的项目和标准就不同了。再如去医院就医因为医疗机构的过失,造成患者人身伤亡,你可以选择医疗服务合同纠纷也可以确定医疗损害责任纠纷,还可以选择医疗事故等其他的案由,通过其他的途径解决,但是赔偿的标准和项目都是不一样的。大家选择哪一个案由都不算错,但最终获得赔偿的金额却会有很大的差别。这个案例提醒大家在遇到两个甚至多个法律关系竞合的情况下,要谨慎的选择案由,以确保自己的合法权益得到最大限度的保护。

法律条文

《中华人民共和国合同法》

第一百二十二条 因当事人一方的违约行为,侵害对方人身、财产权益的,受损害方有权选择依照本法要求其承担违约责任或者依照其他法律要求其承担侵权责任。

选择案由要谨慎,好比医生把病诊。
案由不同差别大,输赢多少你自认。

九、综合其他篇

悬赏寻物起争执

为了庆祝结婚一周年,张伟力请老婆吃大餐,结账时,张伟力发现钱包不见了,两人找了半天没有找到,他想起曾在公园的长椅上待过一会儿,于是两人到公园去找,也没找到。于是,就想到登悬赏广告,悬赏2万元找钱包。李女士夫妻俩在公园散步时,捡到了一个钱包,李女士夫妇没有找到失主,就把钱包拿回了家想再通过其他方式找到失主,因为一直也没有找到失主的联系方式,当两人决定放弃寻找失主将捡到的钱包交到派出所时,李女士的丈夫在报纸上看见了这则悬赏广告。于是李女士的丈夫联系了失主张伟力,在约定的时间、地点,把钱包还给了张伟力并准备领取奖励。张伟力看到自己的包失而复得很是高兴,他拿了钱包准备要走,李女士的丈夫把张伟力拦住了,问张伟力要悬赏广告上写的2万元奖励。张伟力说因为出门急没有带钱,李女士夫妇认为张伟力要赖不给钱,双方起了争执,这事该如何解决呢?

以案说法

这是一起因悬赏广告而引发的纠纷。关于悬赏寻找遗失物，我国物权法是有规定的，那么根据这些规定，遗失物拾得人应当将遗失物返还给权利人，也就是我们通常所说的失主。但是如果失主悬赏寻找遗失物，这就是一种允诺，当他人拾得遗失物并交还失主的时候，失主就要履行这种承诺。本案中失主悬赏2万元寻找遗失的钱包，结果钱包拾得人交还钱包并要求失主支付2万元报酬的时候，遭到失主的搪塞与推脱，失主的这种行为既是不诚信的，也是违法的。如果拾得人起诉的话，失主面临败诉的后果。可见遗失物品后是不是需要悬赏要考虑好，一旦悬赏寻找遗失物，那么就要按照悬赏承诺的内容履行义务。

法律条文

《中华人民共和国物权法》

第一百一十二条　权利人领取遗失物时，应当向拾得人或者有关部门支付保管遗失物等支出的必要费用。

权利人悬赏寻找遗失物的，领取遗失物时应当按照承诺履行义务。

拾得人侵占遗失物的，无权请求保管遗失物等支出的费用，也无权请求权利人按照承诺履行义务。

悬赏寻物非儿戏，履行承诺是正理。

先夸海口后赖账，被告就要输官司。

关爱弱势群体　无偿法律援助

魏来在打工过程中不幸受伤致残，卧病在床，不能正常上班，面对巨额的医疗费，他犯了难。屋漏偏逢连夜雨，无良的包工头在工伤补偿款问题上又百般刁难。魏来对此很生气，想打官司，可是他知道自己的家庭窘迫，没钱打官司，只能无奈地叹气。就在夫妻俩绝望无援之际，邻居郝城来看他，魏来把情况跟郝城一说，郝城建议他去法律援助中心，那里专门为困难户、低保户打官司，而且是无偿的。于是魏来和妻子就来到了法律援助中心寻求法律援助。

以案说法

法律援助中心是政府法律援助机构的正式名称，是由国家拨款设立的专门为需要律师服务但经济困难无力聘请律师的弱势群体及法律规定必须有律师提供法律帮助而自己又没有聘请律师的特定人员（如刑事案件中，可能被判处无期徒刑和死刑的、未成年人犯罪等人员）提供无偿的法律服务，而设立的一种专门的法律服务机构。它的宗旨是“关爱弱势群体,无偿法律援助”,免费让穷人打得起官司,秉持为民、便民、惠民、利民、安民的服务理念,以精湛的法律业务为百姓说理,追求社会的公平正义。

法律条文

《法律援助条例》

第十条 公民对下列需要代理的事项,因经济困难没有委托代理人的,可以向法律援助机构申请法律援助:

(一)依法请求国家赔偿的;

(二)请求给予社会保险待遇或者最低生活保障待遇的;

(三)请求发给抚恤金、救济金的;

(四)请求给付赡养费、抚养费、扶养费的;

(五)请求支付劳动报酬的;

(六)主张因见义勇为行为产生的民事权益的。

省、自治区、直辖市人民政府可以对前款规定以外的法律援助事项作出补充规定。

公民可以就本条第一款、第二款规定的事项向法律援助机构申请法律咨询。

第十一条 刑事诉讼中有下列情形之一的,公民可以向法律援助机构申请法律援助:

(一)犯罪嫌疑人在被侦查机关第一次讯问后或者采取强制措施之日起,因经济困难没有聘请律师的;

(二)公诉案件中的被害人及其法定代理人或者近亲属,自案件移送审查起诉之日起,因经济困难没有委托诉讼代理人的;

(三)自诉案件的自诉人及其法定代理人,自案件被人民法院受理之日起,因经济困难没有委托诉讼代理人的。

第十二条 公诉人出庭公诉的案件,被告人因经济困难或者其他原因没有委托辩护人,人民法院为被告人指定辩护时,法律援助机构应当提供法律援助。

被告人是盲、聋、哑人或者未成年人而没有委托辩护人的，或者被告人可能被判处死刑而没有委托辩护人的，人民法院为被告人指定辩护时，法律援助机构应当提供法律援助，无须对被告人进行经济状况的审查。

第十三条 本条例所称公民经济困难的标准，由省、自治区、直辖市人民政府根据本行政区域经济发展状况和法律援助事业的需要规定。

申请人住所地的经济困难标准与受理申请的法律援助机构所在地的经济困难标准不一致的，按照受理申请的法律援助机构所在地的经济困难标准执行。

因工负伤床上躺，厂方蛮横不赔偿。
法律援助来帮忙，依法维权佑善良。

假钱风波

这天隋波和妻子柳珠在家聊天，隋波拿出一张 100 元人民币给妻子看，并告诉妻子捡了好多这样的钱，柳珠怀疑是假币，不让隋波用。一天隋波和朋友在饭店吃饭，隋波把捡到的钱给了老板，老板一看是假的，要求把钱换了，隋波说这是银行刚取出来的，双方僵持不下，老板报了 110，警察把隋波带走了。柳珠知道后十分担心，认为假币是捡来的，怎么会被警察带走呢？

以案说法

本案是一起持有假币案。隋波明知是假币还予以持有，甚至使用了一小部分，隋波的行为已触犯我国刑法第 172 条之规定，涉嫌非法持有假币罪。假币的传播和泛滥会严重扰乱经济秩序，破坏社会信用和经济发展，国家对这样的违法犯罪行为，历来严厉打击，制造、买卖、运输、持有和使用假币达到规定数额的，都构成犯罪。通过这个案例告诫人们，千万不要凭侥幸心理实施上述行为，生活中一旦发现假币，要及时予以上缴和报案，不能持有、使用，否则终将害人害己，受到法律的制裁。

法律条文

《中华人民共和国刑法》

第一百七十二条 明知是伪造的货币而持有、使用,数额较大的,处三年以下有期徒刑或者拘役,并处或者单处一万元以上十万元以下罚金;数额巨大的,处三年以上十年以下有期徒刑,并处二万元以上二十万元以下罚金;数额特别巨大的,处十年以上有期徒刑,并处五万元以上五十万元以下罚金或者没收财产。

明知假币仍持有,犯罪入狱丢自由。
使用假币也犯罪,捡拾上缴万莫留。

这近路走贵了

饭店员工米亮亮和董明明在饭店打牌，老板娘看见了很生气，上班时间不干活打牌，就让他俩去倒垃圾。米亮亮和董明明拖着垃圾箱走在路上，边走边抱怨，两人为了省事，打算把垃圾倒在路边，正要倒时，被小区的居民李世显看见了，李世显赶紧上去制止两人，两人非但不听还和李世显吵了起来，李世显就打电话举报了米亮亮和董明明，结果饭店被罚款 5000 元。这 5000 元到底该不该罚？

以案说法

本案是一起环境卫生行政处罚案件。案例中的这家饭店因为随意倾倒生活垃圾，违反了固体废物污染环境防治法的有关规定，被罚款 5000 元，看似处罚挺重，但这还是对于单位污染环境罚款的下限。为了应对日趋严重的环境污染，我国 2015 年修改的固体废物污染环境防治法，完善了相关法律责任的规定，对于一些违法行为加大了行政处罚力度，一旦违反将面临严厉的处罚，其实处罚只是一种手段,目的还是保护我们共同生存的环境,没有环境的健康,就没有人类的健康。通过这个案例提醒大家,要养成爱护环境的习惯,这既是为了大家,也是为了自己。

法律条文

《中华人民共和国固体废物污染环境防治法》

第七十四条 违反本法有关城市生活垃圾污染环境防治的规定,有下列行为之一的,由县级以上地方人民政府环境卫生行政主管部门责令停止违法行为,限期改正,处以罚款:

(一)随意倾倒、抛撒或者堆放生活垃圾的;

(二)擅自关闭、闲置或者拆除生活垃圾处置设施、场所的;

(三)工程施工单位不及时清运施工过程中产生的固体废物,造成环境污染的;

(四)工程施工单位不按照环境卫生行政主管部门的规定对施工过程中产生的固体废物进行利用或者处置的;

(五)在运输过程中沿途丢弃、遗撒生活垃圾的。

单位有前款第一项、第三项、第五项行为之一的,处五千元以上五万元以下的罚款;有前款第二项、第四项行为之一的,处一万元以上十万元以下的罚款。个人有前款第一项、第五项行为之一的,处二百元以下的罚款。

乱倒垃圾图方便,污染环境罚五千。
莫怨这款罚得重,以后再犯将更惨。

利用 QQ 骗你没商量

这天早晨张淳来到公司上班，到办公室后，登上 QQ 便收到了公司范总的消息。原来是范总在外边开会让张淳汇一笔款给合作公司，而且还催得特别急。张淳发现这个 QQ 号并不是之前范总的 QQ 号，但是头像等和之前的都一样，张淳有疑虑便问为啥换号？范总给的解释是那个号不知怎的登不上了，开会又不方便拨打电话，对方很急，只能先给对方付一部分安抚对方，财务手续回公司会给张淳补上的。让张淳把公司现有的 45 万元汇到指定账号上，张淳也就照做了。

下午，范总回到公司正好在电梯上碰到了张淳，张淳就问范总什么时间把汇款 45 万元的手续给补上？哪想到范总看到张淳的转款聊天记录时立马火冒三丈，吩咐张淳通知其他领导召开紧急会议，并严词命令张淳不能离开公司半步。回到办公室的张淳已然意识到自己闯了大祸，一时之间不知所措。就在此时公司王经理来通知张淳去范总办公室一趟，并还说有几个警察也会跟她询问一些情况，让张淳根据事实情况如实回答就好，张淳便跟随王经理去了范总办公室。张淳从范总办公室哭着出来并给男朋友打电话，让他来接自己走，称公司要向自己索赔 45 万元，不仅如此，公司还要起诉自己。这事该如何处理呢？

以案说法

随着科技的发展,人们的交流方式日趋多元化。除原有的短信外,微信、QQ 等交流方式在许多单位的日常办公中被大量使用,但是如果被不法分子钻了空子,那么就容易造成难以弥补的损失,本案便是一例。在本案中,用人单位存在以下问题:一是出纳、会计一人兼,不符合公司财务管理规定;二是没有建立健全的账款收发审查审核的规章制度,也没有对员工进行这方面的安全教育培训;三是过于轻信网络,忽视其安全隐患。这样的刑事案件普遍存在侦破难度大的特点,损失往往难以挽回。希望这个案例给有类似情况的企业提个醒,以免悲剧再次发生。

法律条文

《中华人民共和国会计法》

第二十七条 各单位应当建立、健全本单位内部会计监督制度。单位内部会计监督制度应当符合下列要求:

(一)记帐人员与经济业务事项和会计事项的审批人员、经办人员、财物保管人员的职责权限应当明确,并相互分离、相互制约;

(二)重大对外投资、资产处置、资金调度和其他重要经济业务事项的决策和执行的相互监督、相互制约程序应当明确;

(三)财产清查的范围、期限和组织程序应当明确;

(四)对会计资料定期进行内部审计的办法和程序应当明确。

网上转账挺简便,但须谨慎防被骗。

火眼金睛辨真伪,收付审核要规范。

后　　记

作为法律工作者,每当面对当事人权利遭受侵害却不知所措的那一张张茫然的面孔时,每当面对遇事因缺乏法律常识而茫然的那一张张焦急的面孔时,每当面对因不懂法而犯罪的被告席上那一张张悔恨的面孔时,要让每一个老百姓知法、懂法的激情油然而生。普法工作是依法治国的基础工程,宣传和普及法律知识,教育公民学法、懂法、用法、守法是我们法律人应尽的职责。然而,就普通百姓而言,法律是一个个生涩难懂甚至枯燥无味的条文,年龄、文化程度、职业、好恶取向等等,都是影响普法效果的重要因素。一本普法读物如何让它贴近百姓生活,如何实惠有用,如何能适应不同年龄、不同文化程度、不同职业、不同爱好的人接受甚至喜欢,就成为作者必须考虑的问题。基于以上认识,我们编写了《以案普法》这本书,书中我们精心选取了139个执业过程中遇到的与百姓日常生活和工作密切相关的案件,把案件编成一个个小故事,然后从法律角度用通俗易懂的语言进行诠释和点评,并列出与本案有关的法律条文,还针对每个法律故事绘制了插图,最后还总结打油诗,对案例和有关的法律规定进行高度的概括,同时给人们以教育或者警示,以案普法、以图普法、以诗普法,力图以形式多样、生动活泼的方式,提出解决问题的方法和途径,给读者法律知识的普及和依法维权的启发。

本书在编写过程中,得到了律师事务所同事们以及有关人士和法律出版社的大力支持,东营市司法局局长、东营市普法工作办公室主任郑少锋先生百忙之中为书作序,在此一并表示衷心感谢!

书中所有当事人名字均为化名,如有雷同,纯属巧合。

因水平有限,书中难免有错漏之处,恳请读者批评指正。

郭树进

2017年6月